異説で読み解く明治維新

「あの謎」がすっきり解ける10の物語

河合敦
Atsushi Kawai

イースト・プレス

異説で読み解く明治維新

「あの謎」がすっきり解ける10の物語

河合 敦

はじめに　みなさんの「明治維新」のイメージがくつがえる本

二〇一八年（平成三十）はちょうど明治維新《めいじいしん》から百五十年たつということで、近年は全国各地で百五十周年のイベントが開催されています。ただ、私たちは一八六八年（慶応《けいおう》四、明治元）をすっかり明治維新の年と思い込んでいますが、正確に言うと、それは正しくないのです。歴史学界ではマシュー・ペリーの黒船《くろふね》が来航した一八五三年（嘉永《かえい》六）から廃藩《はいはん》置県《ちけん》によって新政府が唯一の政治権力になる一八七一年（明治四）までを明治維新と定義しているのです。しかし、西南《せいなん》戦争が終結した一八七七年（明治十）までを明治維新の範囲に含める研究者もいます。ただ、そうした二十年近くにわたる明治維新のうちでも、一八六八年が大変革が起こった象徴的な年であったのは間違いありません。

本書は、そうした明治維新にちなんで書いた本です。ただ教科書に載るような通説を記したものではありません。といっても、坂本龍馬《さかもとりょうま》がフリーメイソンだったとか、明治天皇が別人に入れ替わっていたとか、そうした珍説や奇説を記したものでもありません。教科書が描かない明治維新の真相や、まったく別の切り口から明治維新を捉えた新説や驚きの学説をセレクトして紹介するものです。本書を読めば、きっとみなさんの明治維新のイメージは大きくくつがえると確信しています。とはいえ、明治維新の流れは複雑なので、苦手な人が少なくありません。そこで、「十の異説」を理解してもらううえで、基本的な明治維新の流れをおさらいしたいと思います。

一八五三年、アメリカの東インド艦隊司令長官ペリーが四隻の艦隊で浦賀《うらが》に来航し、江《え》戸《ど》幕府に開国を迫りました。これが明治維新の始まりですね。幕府は来年までに返答するとペリーを帰しますが、今度は長崎にロシアのエフィム・プチャーチンがやってきます。老《ろう》中《じゅう》の阿部《あべ》正弘《まさひろ》は、大名や幕臣などに開国要求にどう対処するか意見を募ります。これが人びとを政治に目覚めさせ、やがて幕府の崩壊につながっていきます。

結局、阿部は開国を決め、翌年に日米和親条約を結び、オランダ、ロシア、イギリス、フランスとも同様の条約を結びました。一八五六年（安政《あんせい》三）、開港した伊豆《いず》の下田《しもだ》にアメリカの領事タウンゼント・ハリスが着任。ハリスは幕府に修好通商条約の締結を求めたため、一八五八年（安政五）、老中の堀田正睦《ほったまさよし》は京都に赴いて孝明《こうめい》天皇に許可を求めました。ところが、異人嫌いの孝明天皇は許さなかったのです。このため、堀田は失脚し、大《たい》老《ろう》となった井伊直弼《いいなおすけ》は天皇の意向を無視し、無勅許での条約調印に踏み切りました。井伊はまた、十三代将軍徳川家定《とくがわいえさだ》の継嗣問題も独断で決めてしまいます。当時、家定の後継をめぐり、一橋慶喜《ひとつばしよしのぶ》を推す一橋派と紀州《きしゅう》藩の徳川慶福《よしとみ》（のちの十四代将軍家茂《いえもち》）を推す南紀《なんき》派が対立していましたが、井伊は慶福を跡継ぎとしたのです。これに一橋派が反発すると、徹底的に彼らを弾圧します。安政の大獄《たいごく》ですね。しかし、恨みを買った井伊は一八六〇年（安政七）、水戸《みと》脱藩の浪士らに殺害されます（桜田門外《さくらだもんがい》の変《へん》）。

大老が殺されたため、幕府の権威は失墜しました。そこで老中の安藤信正《あんどうのぶまさ》は方針を変えて朝廷と協力して政権を運営していこうとします（公武合体《こうぶがったい》政策）。手始めとして孝明天皇の妹和宮《かずのみや》を将軍家茂の正妻に迎えましたが、尊王攘夷《そんのうじょうい》（天皇を尊び、外国人を排斥する）派が「幕府は和宮を江戸に人質に取って朝廷の動きを抑えようとしている」と怒り、安藤を坂下門外《さかしたもんがい》で襲撃。これでますます幕府の威信は低下し、尊攘派は朝廷を牛耳って家茂に上洛《じょうらく》を強要し、攘夷の決行を迫りました。しかたなく、家茂は攘夷の決行を命じますが、孝明天皇は過激な攘夷や倒幕を望んでおらず、これを知った公武合体派の会津《あいづ》藩と薩摩《さつま》藩が一八六三年（文久《ぶんきゅう》三）八月十八日、朝廷から急進的な公家と長州《ちょうしゅう》の尊攘勢力を駆逐しました（八月十八日の政変）。怒った長州藩は大軍で京都に乱入しますが、会津軍と薩摩軍に撃退されました（禁門《きんもん》の変《へん》）。禁門の変で長州藩は朝敵とされ、幕府の征討軍が派遣されましたが、長州藩がおとなしく謝罪したので、戦闘になりませんでした。

同じころ、列強の連合艦隊が長州藩の下関《しものせき》に来航し、砲台を攻撃して占拠しました。長州藩が下関海峡を通過する外国船に砲撃した報復措置でした。長州藩は攘夷が不可能だと理解します。薩摩藩も薩英《さつえい》戦争でその強さを認識しており、列強の侵略を防ぐためには朝廷を中心とした近代国家をつくるべきだと考えるようになります。この結果、土佐《とさ》藩の坂本龍馬と中岡慎太郎《なかおかしんたろう》の仲介によって一八六六年（慶応二）一月に薩長《さっちょう》同盟が成立しました。

同年夏、幕府は第二次長州征討を実施して四方から長州に攻め入りましたが、同盟相手の薩摩藩が最新の兵器を大量に長州藩に送ったこともあり、長州藩が勝ち続けました。このため、征討軍は将軍家茂の死去を理由に勝手に撤兵しましたが、幕府の威信は地に落ち、以後、薩長両藩による倒幕運動が加速。一八六七年（慶応三）十月に朝廷は薩長に倒幕の密勅を与えました。しかし、ちょうど同じ日、十五代将軍慶喜が土佐藩のすすめを受け入れ、政権を朝廷に返すことを公言（大政奉還《たいせいほうかん》）したのです。こうして、肩すかしを食らった薩長倒幕派ですが、十二月九日、朝廷内でクーデターを決行し、王政復古の大号令（新政府の樹立宣言）を出させ、同じ日、小御所《こごしょ》会議を開いて前将軍慶喜の辞官・納地（官職を辞めさせ、幕府領を朝廷に返還させる）を決定します。旧幕府方を挑発して暴発させ、武力で徳川家を倒してしまおうとしたわけです。

将軍慶喜は兵を引き連れて京都から大坂城《おおさか》に移りますが、一八六八年（慶応四）一月三日、ついに鳥羽《とば》と伏見《ふしみ》で新政府軍と旧幕府軍の戦いが始まりました（鳥羽・伏見の戦い）。戦いは新政府軍が圧勝し、慶喜は大坂城から逃亡。新政府は慶喜を朝敵とし、有栖川宮熾仁《ありすがわのみやたるひと》親王を東征《とうせい》大総督に任命して東征軍（新政府）を派遣しました。慶喜は新政府に恭順することに決し、和平交渉を担当した旧幕臣の勝海舟《かつかいしゅう》と新政府の西郷隆盛《さいごうたかもり》の会談により、江戸総攻撃の中止と江戸城無血開城が決定します。

その後、新政府と東北・北越《ほくえつ》諸藩との戦いが起こりますが、激しく抵抗した会津藩や庄内《しょうない》藩も九月中に降伏、翌年五月には五稜郭《ごりょうかく》（函館《はこだて》市）を拠点に蝦夷《えぞ》地《ち》を支配していた榎本《えのもと》武揚《たけあき》らも敗れ、新政府が政治的に日本を統一したのです。しかし、相変わらず多くの藩が存在し、それぞれ独自の政治をおこなっていました。そこで、一八七一年（明治四）、新政府は一気に藩を廃し、県を置いて、中央から役人を派遣して統治させることにしたのです（廃藩置県）。この年をもって、明治維新は完結したと考えられています。

さて、いかがでしょうか。おおまかな明治維新の流れが理解できたでしょうか――。

ただ、歴史は勝者がつくるものといわれ、明治政府の中心となった薩長閥が正しいように維新史が描かれ、それは平成になっても続いてきました。近年は敗者の立場から歴史を見ようとするようになり、さらには、薩長は悪であり、旧幕府側を正当化するような論考も多数登場しています。これはとてもいい傾向だと思います。歴史というものが見方や立場の違いによって大きく異なることがわかるからです。多面的な説があるのです。

そこで、本書でも、これまであまり取り上げられてこられなかったけれども、明治維新を促進するのに欠かせない要素、あるいは知られざる真相などを取り上げました。どうして幕末に天皇が急にクローズアップされたのか幕末の志士ばかりがヒーロー扱いされるが、人口の半分の女性たちはどう明治維新にかかわったのか、おそらく知らないと思います。

また、私たちは明治政府が日本を近代化したことを知っていますが、もし江戸幕府が続いていたらどうなっていたのでしょうか。じつは、幕府も新政府と同じことを考えていたのです。ですから、幕府が存続したとしても、歴史はそれほど変わっていないのです。ちょっと信じがたいかもしれませんが、そのあたりもくわしく紹介しましょう。

さらに、宗教や病気や天災。じつはこうしたものも明治維新と大きな関係がありました。

ぜひとも、本書を一読することで、明治維新の新たな視点や意外な一面に触れていただければと思います。

二〇一七年十月　河合《かわい》 敦《あつし》

異説で読み解く明治維新……目次

異説1

明治維新は孝明天皇が主導したものだった!?

幕末に天皇の存在を再発見させたキーマン

明治維新は天皇の存在を語ることなくして理解することはできない。

どうして幕末《ばくまつ》になって急に天皇の存在がクローズアップされたのか。なぜ、尊王攘夷《そんのうじょうい》運動（後述）がさかんになり、幕府が衰亡して、天皇を奉じた明治政府が成立したのか——。

その最大の理由を挙げるとしたら、天皇個人の個性の強さにあったと断言できる。

幕末の天皇は仁孝《にんこう》天皇の第四皇子として天保《てんぽう》二年（一八三一）に誕生し、弘化《こうか》三年（一八四六）に帝位についた孝明《こうめい》天皇である。

孝明天皇は安政《あんせい》五年（一八五八）、幕府がアメリカとの修好通商条約の勅許を求めたとき、断固はねつけた。これによって、その存在が一躍注目されることになったのである。やがて志士たちは、この業腹《ごうはら》なミカドを奉じて国内から外国人を追い払い、さらには幕府を倒して近代国家をつくろうという動きを見せていく。もし、この時期に別の人物が天皇であったら、おそらく日本の歴史はだいぶ違ったものになったはずだ。

ただ、これはあくまで孝明天皇が導火線の役割を果たしたという意味であって、それより半世紀以上前から、天皇の威光はじわじわ上昇しつつあったのである。しかも、幕府瓦解の二十年前には、すでに大きな政治力を持ちつつあったのだ。

まずは、そのあたりのことについて、くわしく語っていこうと思う。

「天皇は尊い存在である」という考え方――これを尊王論と呼ぶが――は幕末に始まったものではない。古代中国の「武力で天下を奪った覇者より、徳によって世を統治する王者のほうが偉大であり、尊ばれるべき」という思想から来ている。

宋《そう》の時代に成立した朱子学《しゅし》（宋学）は、そうした尊王論や、「臣下は主君に絶対的な忠誠を尽くせ」とする大義名分論を強調する。だから、戦国大名などは君臣の別を説く朱子学を競って家臣たちに学ばせた。家来の謀叛《むほん》を防ぐ狙いもあったのだろう。

徳川家康《とくがわいえやす》も朱子学者の林羅山《はやしらざん》を側近に招き、以後、林家は幕府の教学として朱子学を幕臣に講じた。同家が上野《うえの》忍《しのぶ》ヶ岡《がおか》に設けた私塾は、五代将軍綱吉《つなよし》のとき、孔子廟《こうしびょう》とともに湯島《ゆしま》に移されて聖堂《せいどう》学問所となり、それを老中《ろうじゅう》の松平定信《まつだいらさだのぶ》が官立の昌平坂《しょうへいざか》学問所とし、幕臣のみならず諸藩の士がここで勉学に励むようになった。そうしたこともあり、朱子学は武士の素養となり、それにともなって尊王論も常識となったのである。

もちろん、幕府も尊王論を積極的に肯定した。なぜなら、徳川家の当主が天皇から征夷《せいい》大将軍《たいしょうぐん》に任じられ、武家政権（幕府）を運営する体裁をとっているからだ。任命権者の天皇をないがしろにすることは、そのまま幕府の軽視につながるので、天皇は尊ばれる必要があったのである。

ただし、それが行きすぎた場合は断固たる措置をとった。

その代表例が宝暦《ほうれき》八年（一七五八）に起こった宝暦事件だろう。

大納言《だいなごん》の徳大寺実憲《とくだいじさねのり》に仕えていた竹内式部《たけのうちしきぶ》（越後《えちご》の町医者の子）は同家を辞して京都に私塾を開き、多数の門弟を教えたが、そのなかには公家《くげ》や桃園《ももぞの》天皇の侍読《じどく》（天皇に学問を教える学者）の伏原宣条《ふしはらのぶえだ》まで含まれていた。式部は公家たちに尊王論を含む垂加神道《すいかしんとう》を説いた。

武家伝奏《ぶけてんそう》（京都所司代《しょしだい》と朝廷の調整役の公家）広橋兼胤《ひろはしかねたね》の日記によれば、式部は「将軍を敬しても天皇を尊ぶということを知らないのは、歴代天皇が学問をせず、徳が足りないからである。だから天皇から公家にいたるまで学問に励み、徳を備える必要がある。そうすれば、万民は天皇に心を寄せ、将軍は政権を朝廷に返し、天皇と公家の世になるだろう」(『広橋《ひろはし》兼胤《かねたね》公武《こうぶ》御用日記《ごようにっき》』)と述べたとする。

式部に感化された公家のなかには、武家打倒のために武術の稽古をする者が現れた。

悪いことに、桃園天皇も伏原らの影響で尊王論に傾倒するようになったのである。これを知って元関白《かんぱく》の一条道香《いちじょうみちか》や関白の近衛内前《このえうちさき》は仰天し、伏原らの進講をやめさせた。すると、桃園天皇は近衛に対し、

「私は納得できない。垂加神道の何が悪く、ためにならないのか。くわしく理由を書き出して提出せよ。もともと神道は私の祖先が世のためにつくられた大道である。私は政《まつりごと》をおこなう立場にあり、これを学ぶ必要があるのだ。だから、納得できないかぎり、私は垂加神道を学ぶのをやめるつもりはない」

と断言したのである。

発言を危険視した関白たちは天皇の側近たちを蟄居《ちっきょ》や免官処分とし、幕府の京都所司代に元凶の式部のことを訴えたのである。京都所司代では式部の身柄を拘束して厳しい取り調べをおこなったが、式部はシラを切り通した。そこで翌年、公家たちが鴨川《かもがわ》近くの遊女屋で大騒ぎをした現場に式部がいたなど、ささいなことを理由に彼を畿内《きない》や関東《かんとう》からの追

放刑に処したのである。これによって、式部は二度と京都に入ることができなくなった。

八年後の明和《めいわ》四年（一七六七）、再び尊王をめぐる事件が発生する。

江戸《えど》八丁堀《はっちょうぼり》に私塾を開く山県大弐《やまがただいに》が尊王論を説き、その著書『柳子新論《りゅうししんろん》』で堕落した世を刷新すべきだと主張した。桃井久馬《もものいきゅうま》ら門弟はそんな大弐の過激な言動に恐れをなし、「山県大弐らは謀叛を企んでいる」と幕府に訴え出た。そこで幕府は大弐らを逮捕し、取り調べの結果、死罪を申し渡したのである（明和事件）。この折、先の竹内式部の動向も調べられ、京都に入り込んでいる事実が発覚し、やはり捕らえられて八丈島《はちじょうじま》に流されることになったが、島流しの途中、三宅島《みやけ》で病没した。

このように、幕府は過激な尊王論については容赦なく取り締まったのである。

◆すでに天皇の存在を意識していた幕末の庶民たち

さて、七百年近くも武家政権が続いたこともあり、江戸時代の庶民は天皇の存在を知っていたのだろうか、そう疑問をいだく人がいる。

結論を先にいってしまえば、ほとんどの日本人は天皇のみならず朝廷や貴族のことも知っていたと思う。

その理由のひとつは、江戸中期以降に大流行した伊勢《いせ》神宮への参詣（御伊勢参り）である。伊勢神宮の近くには御師《おし》たちが住んでいる。もともと伊勢神宮の神官だったようだが、やがて全国の参詣者を伊勢神宮に案内し、参拝や宿泊などの面倒を見て生計を立てるようになった。いまでいえば、旅行コーディネーターや旅行業者のような人びとである。

彼らは伊勢神宮を宣伝するために全国各地に出向いた。当然、神宮に祀《まつ》られている皇祖神であるアマテラスの功徳《くどく》を説くだけでなく、天皇のことについても話すだろうから、江戸時代の人びとにとっては天皇は身近な人物になったのである。

また、御伊勢参りの途上で京都観光に訪れる庶民も激増した。京都御所などを見学して村に戻り、天皇や貴族の住まい、朝廷のことについて語ったはず。そうしたことが、ますます天皇の存在を地方に広めることになった。

二つ目は、人形浄瑠璃《にんぎょうじょうるり》と歌舞伎《かぶき》での謀叛物語の上演である。早稲田《わせだ》大学の内山美樹子《うちやまみきこ》教授によれば、浄瑠璃や歌舞伎の脚本には天皇に関する作品が多く、とくに「皇子の一人が謀叛を起こし、一時的に帝位を奪う謀叛皇子」の話が多くつくられたという。しかも、作中では「天皇には架空の人名はまず用いられない」[1]そうだ。そんなこともあり、庶民の多くは天皇の謚号《しごう》さえ知っていたらしいのだ。

——天皇は、幕府が定めた禁中《きんちゅう》 並《ならびに》 公家《くげ》諸法度《しょはっと》によって厳しく政治的な行動を制限されていた。しかし、十八世紀の後半に光格《こうかく》天皇が政治力を発揮して庶民を救った例がある。

この時期、天明《てんめい》の飢饉《ききん》によって江戸では大規模な打ちこわしが発生したが、京都の物価も高騰し、庶民の生活が苦しくなった。そんな天明七年（一七八七）五月以降、「千度《せんど》参り」という奇妙な現象が始まる。多くの人びとが京都御所の塀の周囲をぐるぐると何度も回ってから、南門や唐門《からもん》の前で紫宸殿《ししんでん》や清涼殿《せいりょうでん》の方角に向かって拝礼し、銭を投げ入れて願いごとをするようになったのだ。最大時にはなんと、一日五万人もが集まったという。

人びとは物価高に苦しみ、京都町奉行所《まちぶぎょうしょ》に救済を願っても対応してもらえず、天皇や朝廷にすがろうということで、「千度参り」という現象が起こったとされる。京都所司代は朝廷に「こうした行為をやめさせてもらいたい」と伝えたが、光格天皇は「信心の結果なのだから、そのままでよい」と述べ、参拝者にリンゴや飯、お茶などを配布して、この行為を歓迎したのである。さらに、光格天皇は京都所司代に「苦しむ人に施しをしてもらいたい」と要請した。このように、天皇が政治的な方策について口を出すのは初めてのことであった。しかし、幕府もその意向を汲《く》んで米の放出をおこなったため、天皇はますます京都の庶民からの信頼を集めるようになった。

いずれにせよ、江戸時代の人びとは天皇の存在を知っており、江戸中期以降、いま述べたような理由もあって、その権威が高まりつつあったのである。

なぜ、尊王攘夷論は水戸藩から生まれたのか

これまで尊王論や天皇の周知度について解説してきたが、幕末に流行したのは尊王攘夷論である。尊王に攘夷がくっついている。もともと尊王論と攘夷論は別個の思想であった。攘夷論とは、簡単にいえば「野蛮な外国人を国内から追い払え」という考え方だ。日本は海に囲まれた島国だから、日本人が外国人と接する機会はあまりない。しかも、江戸時代には海外渡航がいっさい禁じられ、交易も制限されてきた。そんなこともあり、もともと外からやってくる人間に警戒心と嫌悪の情をいだく傾向があった。

そんな土壌の日本に、十九世紀になると、さかんに列強諸国の船が現れ、ときには上陸して食料や水を要求したり、住人といざこざを起こして死傷者を出したりするようになったわけで、「異人を追い払って国内に入れるな」という攘夷論が発生するのは必然であろう。

とはいえ、どうして別個だった尊王論と攘夷論が結合したのか、きっと不思議に思うであろう。

この二つが結合したのは文政《ぶんせい》七年（一八二四）の水戸《みと》藩においてであった。

水戸藩といえば、第二代藩主の徳川光圀《みつくに》が水戸黄門《こうもん》としてよく知られている。じつは、この人が水戸で尊王論を広めた張本人だった。光圀は彰考館《しょうこうかん》（歴史編纂所《へんさんしょ》）を設け、藩予算の三分の一を費やして『大日本史《だいにほんし》』という壮大な歴史書の編纂に取り組んだが、その史観は「天皇に対して忠か不忠か」という尊王主義で貫かれていた。この事業は光圀の死後も歴代藩主に受け継がれ、結果、水戸家中に尊王思想が深く浸透したのである。

この年、そんな水戸藩領の大津浜《おおつはま》に異国（イギリス）船が現れ、小舟に乗った十二人の異国人が上陸してきた。水戸藩が異人たちを捕らえると、彼らは病気になった者に与える新鮮な野菜を求めに来たという。そこで、役人は野菜を与えて船を退去させたが、筆談役として現場に立ち会った学者の会沢正志斎《あいざわせいしさい》（安《やすし》）は、「彼らの目的はわが国の侵略である」と確信し、翌年にこれに対処するために『新論《しんろん》』を書き上げ、師の藤田幽谷《ふじたゆうこく》（東湖《とうこ》の父）を通して藩主の徳川斉修《なりのぶ》に献上した。

同書では「神の国である日本は太陽が出《いず》るところであり、気の根源が始まるところ。アマテラスの子孫たちが代々元首となり、万国を統治し、世界中にその徳がおよんでいる。なんところが近年、西洋人たちが四海《しかい》を船で乗り回し、諸国を蹂躙《じゅうりん》しようとしている。なんと驕《おご》っていることか」と非難し、「西洋人に対抗するためには天皇を不変の君主とし、天皇が司《つかさど》る皇祖神に対する祭祀《さいし》を通じて忠孝の道徳を人びとに浸透させ、国内の民心をまとめあげる必要がある。また、外敵の侵入を防ぐため、辺境地区の沿岸防備を強化し、銃砲の訓練を徹底し、海軍を充実させる。そのうえで国力を蓄え、積極的に海外に進出していくべきである」と提言したのである。

こうして尊王と攘夷が融合し、尊王攘夷論が誕生したのである。

ただ、会沢の尊攘思想は幕藩体制を批判するものではなかった。むしろ、会沢は「いまの幕藩体制は古代日本の政治体制と合致しており、天皇が委任する幕府に人びとが服している状態は国家の安泰につながる」と述べた。

しかし、『新論』はひとり歩きしていく。その匂いを感じとったのか、藩主の斉修は『新論』の出版を認めなかった。ところが、写本が急速に出回り、話題になったのだろう、なんと幕府の老中であった阿部正弘《あべまさひろ》なども閲覧するほどになった。さらに、開国の直前には全国の志士もむさぼり読むようになる。そして、マシュー・ペリーの浦賀《うらが》来航後の安政四年（一八五七）に『新論』が刊行されると、同書は志士たちのバイブルとなり、過激な尊王攘夷運動を招来する要因のひとつとなったのである。

天皇が外交問題に介入したきっかけ

さて、朝廷が初めて外交上の問題で江戸幕府に口を挟んだのは、文化《ぶんか》四年（一八〇七）のことだとされる。「近年、ロシア船がさかんに北方に来て紛争を起こしているが、これについて報告してほしい」というものだった。

時の天皇は、「千度参り」で政治力を発揮した光格天皇である。

大阪経済大学教授の家近良樹《いえちかよしき》氏は、政治的にも経済的にも幕府に完全に抑え込まれていた朝廷がそうしたあり方から脱却する兆《きざ》しを見せるのは、光格天皇の寛政《かんせい》年間（一七八九～一八〇一）ぐらいからだとする。これは研究者の共通認識になりつつあるとし、光格天皇は「朝廷の自立を目指して積極的な活動を展開する。その結果、朝幕間《ちょうばくかん》に緊張が走るとともに、それまで洛中《らくちゅう》・畿内にとどまっていた朝廷の権威が、将軍権力から自立しだし、やがて、その権威のおよぶ範囲が拡大されていった」[2]と述べる。

このとき、幕府は光格天皇の求めに応じて報告書を提出したが、この前例にならい、朝廷は弘化《こうか》三年（一八四六）にも同じように国際情勢の報告を幕府に求めた。

この時期はちょうどアヘン戦争で清《しん》がイギリスに大敗し、香港《ホンコン》を割譲したり、アメリカのジェームス・ビッドルやフランスのジャン＝バティスト・セシーユが日本に来航して開国を求めたりするなど、対外緊張が高まった時期であった。

さらに、朝廷はたんに報告を求めるだけでなく、「海防を強化せよ」という勅書を下したのである。つまり、幕府の外交政策にまで口を出したわけだ。こうした行為は前代未聞のことだった。このときの天皇こそ光格天皇の孫であり、幕末に志士たちに奉じられた孝明天皇だった。幕府は前例にならって、朝廷に外国船の渡来情報を正しく伝えたのだった。

——それから七年後の嘉永《かえい》六年（一八五三）六月、ペリー艦隊の浦賀来航を迎える。

当然、孝明天皇はこの際も幕府から報告を求め、さらに「これは日本の一大事だから、国辱を受けることのないよう対処せよ」というみずからの強い意志を老中たちに伝えた。

もし、こうした孝明天皇の政治的発言を幕府の閣僚たちが断固はねつけていたら、たぶん歴史は変わっていただろう。しかし、このときの最高責任者（老中首座《しゅざ》）阿部正弘は、この国難に挙国一致で臨もうと考え、なんとペリーの開国要求にどう対応すべきかを諸大名や幕臣に問うてしまう。幕府が外交方針を広く下問《かもん》するなどありえないことで、これによって人びとを政治的に目覚めさせる結果になった。

さらに、阿部はいままで幕政に参画させなかった親藩《しんぱん》（徳川一族）や外様《とざま》をブレーンに迎え、とくに強硬に攘夷を唱えていた水戸藩主の徳川斉昭《なりあき》を幕府の海防参与（いまでいえば防衛大臣）に任じた。斉昭を閣内に取り込んでしまうことで彼の強硬な意見を封じてしまおうとしたのかもしれない。じつは、はじめから阿部は開国するつもりであったからだ。

ともあれ、阿部は朝廷の権威も民心の統一に利用しようと考えたらしく、孝明天皇の要求に応じて、くわしい報告を朝廷におこなった。

だが、このとき、斉昭は親族であった関白の鷹司政通《たかつかさまさみち》に、ペリーの態度がいかに無礼であるかを痛烈に批判する意見を寄せ、それが政通を通じて公家や天皇に伝わり、朝廷は異人の恐怖におののくようになってしまう。

翌年、ペリーが再来すると、孝明天皇は異国人から畿内を防備するよう要請する。結局、三月に幕府はペリーと日米和親条約を結んで開国した。朝廷はこれに抗議しなかったものの、天皇をはじめ、多くの公家は不快感をいだいた。とにかく異人に対する恐怖感情が膨張しており、同年九月にロシアのエフィム・プチャーチンが大坂《おおさか》の天保山《てんぽうざん》沖（大阪市港《みなと》区）に停泊すると、朝廷内は混乱に陥り、孝明天皇は一時、比叡山《ひえいざん》か彦根《ひこね》に避難する計画を立てるほどだった。

――安政三年（一八五六）、タウンゼント・ハリスがアメリカの総領事として伊豆《いず》の下田《しもだ》に着任し、幕府に対して日米修好通商条約の締結を求めてきた。すると、攘夷主義者の斉昭が朝廷の異人アレルギーをさらにあおって朝廷を味方につけ、通商条約を阻止しようと動いた。

このため、幕閣は翌年、斉昭の海防参与を解いたのである。

もちろん、幕府も当初は通商をおこなうつもりはなかったが、粘り強いハリスの交渉によって、安政四年（一八五七）の秋には「通商やむなし」の結論に達し、同年十二月、朝廷に事情を説明すべく、林大学頭復斎《だいがくのかみふくさい》と目付《めつけ》の津田正路《つだまさみち》を派遣して通商条約締結の了解を求めたのである。

じつは、諸大名のなかに通商条約に反対する者が少なくなく、そうした者たちを納得させるうえでも、権威が高まっていた天皇の許可をもらおうと考えていたのである。

しかし、孝明天皇は林らの報告を聞くと、「私が皇位にあるときに異人のいうとおりに通商することになったら、それこそのちのちまでの恥である。伊勢神宮など皇祖神や歴代天皇に申し訳なく、身の置きどころがない」と拒絶を匂わせる姿勢を見せたのである。

翌二月、幕府の最高権力者であった老中の堀田正睦《ほったまさよし》が勅許を得るべく、わざわざ上洛してきた。堀田は天皇の気持ちは知っていたが、朝廷は幕府に政権を委任しているわけだから、最終的に勅許を出さないはずはないし、三十年のあいだ宮中で権力を握る太閤《たいこう》の鷹司政通が開国派であったので、彼から説得させれば必ず勅許は獲得できると楽観していた。

ところが、孝明天皇は関白の九条尚忠《くじょうひさただ》や左大臣の近衛忠熙《このえただひろ》らと結んで勅許を拒否しようとしたのだ。そこで堀田は関白の九条を説得し、強引に味方に抱き込んだ。

こうして、九条関白は三月九日に「なんとも返答のしようがないので、このうえは幕府によって決めてもらいたい」という幕府への奉答案を作成して天皇や公家たちに示した。通商条約の許可ではなく、決定の幕府への一任であった。すると、孝明天皇も、「あまり強くいっては堀田の立場にかかわるだろうし、それでは不憫《ふびん》であり、将軍にも申し訳ない」と近衛に認めている。どうやら天皇も、はじめは奉答案を認めるつもりだったらしい。

ところが、その状況は一変する。

案を読んだ公家たちから反対の声が続々上がり始め、三月十二日には、なんと八十八名もの公家が「幕府に通商条約の可否を一任するという文面を削れ」という願書を武家伝奏に差し出し、さらに関白のもとに押しかけて奉答案を撤回させようとしたのである。

東京大学名誉教授の藤田覚《ふじたさとる》氏はこれを「前代未聞の公家の強訴《ごうそ》が起こった。まさに公家の『一揆《いっき》』だった」[3]と評している。

結局、これによって孝明天皇は初心に戻り、勅許をはっきり拒むようになった。このため、堀田は勅許の獲得に失敗し、失脚してしまったのである。

◆井伊直弼の圧政、和宮降嫁の舞台裏で動いた面々

大老《たいろう》に就任した彦根藩主の井伊直弼《いいなおすけ》はハリスから「イギリスやフランスの艦隊が大挙して日本に向かっており、通商条約を強要するだろう」という情報を得た。いま、アメリカとの交渉による条約を結ばないと、砲艦外交によって、さらなる屈辱的な条約を結ばなくてはならない。そう判断した井伊は六月十九日に無勅許でハリスと日米修好通商条約を締結したのである。

これを知った孝明天皇は激怒し、にわかに譲位を表明して引きこもってしまった。驚いた九条関白は幕府に対して事情の説明を求め、御三家か大老を上洛させるよう要求した。けれども、幕府は御三家は謹慎中であり、大老は多忙につき延期してほしいといってきたのである。これを関白から聞いて激高した孝明天皇は、なんと、持っていた扇子《せんす》で関白の頭を強くたたき、再び引きこもってしまったという。

そして、八月八日、孝明天皇は戊午《ぼご》の密勅を直接水戸藩に、その後、同様のものを幕府にも下したのである。その内容は勅許なくして条約を結んだことに対する説明を求め、今

後は幕府や諸大名が条約問題を話し合って私を安心させ、攘夷を進めろというものだった。

だが、関白を通さずに天皇が水戸藩という一大名家に勅を下し、水戸藩から諸藩にこれを伝達するよう申し渡すなど、前代未聞の行為だった。このように幕府をないがしろにした勅はなかったことで、井伊はこの逸脱行為についに怒りを爆発させたのである。

ここにおいて、井伊は水戸藩をはじめとする尊攘派の大名やその家臣たちを大弾圧する決意をした。そして、朝廷に対しては老中の間部詮勝《まなべあきかつ》を派遣し、「朝廷のなかに陰謀を企んでいる者がいるので取り調べる」と通告し、密勅にかかわった左大臣の近衛をはじめ、次々と公家たちを謹慎処分とし、さらに水戸藩に与えられた密勅を返納させ、前水戸藩主の斉昭をはじめ、多くの大名とその家臣たちを処罰していった。世にいう安政《あんせい》の大獄《たいごく》の始まりである。これにより、朝廷は縮み上がってしまった。

ところが、である。朝廷を恐怖に陥れた井伊は安政七年（一八六〇）三月、水戸浪士らによって桜田門外《さくらだもんがい》であっけなく暗殺されてしまった。

大老が殺されたことで幕府の権威は失墜し、対照的に攘夷を唱える孝明天皇の威光は高まり、志士を自称する尊攘派の下級藩士たちが朝廷に群がるようになった。

このため、老中に就いた安藤信正《あんどうのぶまさ》は朝廷と融和しながら幕政を安定させようと方針転換を図った（公武合体政策《こうぶがったいせいさく》）。その手始めとして、孝明天皇の妹和宮《かずのみや》を将軍家茂《いえもち》の妻に迎えようとしたのである。

ただ、すでに和宮は、有栖川宮熾仁親王《ありすがわのみやたるひと》と婚約していた。しかし、安藤は京都所司代の酒井忠義《さかいただあき》を通じて九条関白に「和宮と有栖川宮の婚約を解消し、江戸への降嫁《こうか》を実現させてほしい」と要請。そこで、九条関白は万延《まんえん》元年（一八六〇）五月に孝明天皇に奏上した。

孝明天皇は「婚約は破談にはできないし、和宮は妹といっても異母妹であり、私の娘ではないので、思いどおりにはできない。それに、和宮は関東の地を恐れている」と拒絶したのである。

そこで、幕府は和宮の生母観行院《かんぎょういん》（橋本経子《はしもとつねこ》）や和宮の伯父橋本実麗《さねあきら》に接触し、さらに孝明天皇が信頼する岩倉具視《いわくらともみ》に助力を求めた。

やがて孝明天皇は翻意する。それは、和宮降嫁の暁には「七〜十年以内に列強諸国と断交する」と幕府が約束したからである。

だが、和宮のほうがなかなか了承せず、孝明天皇は「すでに降嫁を容認してしまったので、これが実現できなければ信義を失うことになる」と悩み、和宮の代わりに生まれたばかりの娘の寿万宮《すまのみや》を家茂に嫁がせようとさえ思いつめた。そして、それができなければ潔く譲位すると決めた。
ただ、一方で、天皇は和宮のかたくなさにも腹を立て、「尼《あま》にして林丘寺《りんきゅうじ》に入れよう」と考えたり、「和宮降嫁に反対する観行院と橋本実麗を処罰してくれ」と九条関白に述べたりするようになった。
このため、和宮は「御いやさまの御事ながら、御上の御為《おんため》と思召《おぼしめし》、関東へ成らせられ候」と天皇に手紙を送って、ようやく降嫁を承諾した。
さすがに天皇も心が痛んだのだろう。彼女に対して慰めの手紙を送ったが、それに対して和宮は
「御上《おかみ》にもかれこれ御心配遊ばし戴《いただ》き　御あつき思召様の程　段々伺ひ　誠に恐れ入りまいらせ候まゝ　天下泰平の為《た》め　誠にいや〳〵の事　余儀《よぎ》なく御うけ申上候事におわしまし候（中略）また下向《げこう》いたし遠方とて御兄《ごきょう》（弟）だいの御中御きりあそばあれ候御事あらせられず　御杖《おつえ》になり戴き参らせ候よし　御厚き思召迄《まで》　深く辱《かたじけな》りまいらせ候」[4]
これを簡単に意訳すると、「兄上様にもいろいろ心配していただき申し訳ありません。本当はいやなのですが、天下泰平のため、お引き受けします。私が関東に行っても縁を切らずに、これからも私を支えてください」ということだ。

つまり、本音を吐露したのである。

ところが、十一月、またも情勢が変化する。孝明天皇は幕府が多くの外国と通商条約を結んだことを知り、激怒して和宮降嫁の破談を表明したのである。

これを知って大いに喜んだ和宮は、ただちに孝明天皇に手紙を送り、「どうか結婚を破談していただきたい。重ねてお頼み申します」と何度も懇願したのだった。だが、天皇の発言に驚いた酒井や九条らが必死に説得したことで、孝明天皇は前言を翻した。

こうして、翌文久《ぶんきゅう》元年（一八六一）十月、和宮は江戸に下ることになった。

幕府はこのとき、三十藩を動員して総勢一万五千人の花嫁行列を仕立て、京都から中山道《なかせんどう》を東下させ、江戸まで大パレードを繰り広げた。行列の長さはなんと五十キロ近くになったという。もちろん、幕府の権威を天下に示すデモンストレーションであった。

水戸を訪れていた吉田松陰

こうして和宮降嫁を成功させた安藤信正だったが、なんと翌文久二年（一八六二）正月に水戸浪士に襲撃され（坂下門外《さかしたもんがい》の変《へん》）、失脚してしまうのである。尊攘派は「和宮を江戸に人質にとり、朝廷の動きを抑えるつもりだ」と怒って犯行におよんだという。

二度も最高指導者が襲われたことで、完全に幕府の威信は地に落ちてしまい、ますます京都の朝廷の力が上がってしまった。このころから急進派公家と結んだ尊攘の志士（主に長州《ちょうしゅう》藩士）が実質的に朝廷を制し、彼らの策動によって朝廷から江戸に勅使が派遣され、さかんに将軍の上洛と攘夷を迫るようになったのである。

このため、将軍家茂は二百年ぶりに上洛を余儀なくされ、その後、攘夷派の圧力によって、「文久三年（一八六三）五月十日をもって、攘夷を決行せよ」と諸大名に命じてしまうのだ。

この日、孝明天皇も「たとえ日本が焦土になっても交易は好まない」という宸翰《しんかん》（天皇の自筆の文書）を出したが、実際に攘夷を決行したのは長州藩だけであった。

なぜ、この時期に尊攘派の長州藩士が朝廷を牛耳っていたのかというと、それは長州藩士で松下村塾《しょうかそんじゅく》を主宰していた吉田松陰《よしだしょういん》の死と大いに関係があった。

嘉永四年（一八五一）、吉田松陰は水戸を訪れている。会沢正志斎の著書『新論』を読んで感銘を受け、会沢に会いに来たのである。短い滞在期間中に六度も会沢を訪ねた松陰は、「会沢に訪《おとな》ふこと数次なるに、率《おおむ》ね酒を設《もう》く。水府《すいふ》（水戸）の風、他邦《たほう》（他藩）の人に接するに、欸待《かんたい》甚だ渥《あつ》く、歓然として欣《よろこ》びを交へ、心胸を吐露して隠匿する所なし。会々談論の聴くべきものあれば、必ず筆を把《と》りて之《こ》れを記す。其《そ》れ其《ぞれ》の天下の事に通じ、天下の力を得る所以《ゆえん》か」（吉田松陰『東北遊日記』）

このように、松陰は会沢にたびたび会って酒を飲み、語り合った。水戸の人びとは他藩の人びとをあつくもてなし、腹蔵なく心情を吐露してくれた。また、何か感じるところがあればメモをとることに感動している。会沢と天下国家の行く末を語り合ったことが松陰を大きく変えた。こうして、強烈な尊攘主義者となった松陰は、その後、ペリーの艦船に乗り込んで密航しようとして失敗して幕府に逮捕され、長州の獄で一年ほど過ごしたのち、萩《はぎ》の自宅に蟄居する。けれども、藩は有能な松陰が自宅で私塾を主宰する許可を出した。それが松下村塾である。

塾では門弟たちに尊攘思想を熱く語り、老中の間部詮勝が尊攘派を弾圧しているのを知ると弟子たちに間部の暗殺を命じ、そのための武器を藩に要求した。この過激さに驚いた長州藩は再び牢獄《ろうごく》に入れた。その後、江戸に召喚されて幕府の取り調べを受け、間部襲撃をうっかり話したことで死罪となったのである。師を殺された松下村塾の門弟たちは「先駆けとなって死ね」という松陰の教えを引き継ぎ、過激な攘夷活動を繰り返していったというわけだ。

いずれにせよ、幕府はいまや朝廷（尊攘派）の言いなりのような状況になった。松陰の門弟を中心とする尊攘派長州藩士たちは、師を殺されたことに加え、関ヶ原合戦《せきがはらかっせん》に敗れたときに毛利家の領地を大幅に削った徳川家に深い恨みをいだいていた。このため、攘夷祈願ということで天皇を大和《やまと》に行幸させ、そのまま攘夷軍を結成して外国人を駆逐し、その軍を転用して幕府を倒してしまおうと、ひそかに考え始めたのである。こうして、文久三年（一八六三）八月十三日、孝明天皇の大和行幸が発表された。

すると、八月十七日、土佐《とさ》藩を脱藩した尊攘派の吉村虎太郎《よしむらとらたろう》らが攘夷の先駆けたらんとして、大和行幸に先立って公家の中山忠光《なかやまただみつ》を奉じて兵を挙げ、大和五條《ごじょう》にある幕府の代官所を襲撃したのである。これを天誅組《てんちゅうぐみ》の変《へん》と呼ぶ。

歴史のうねりは孝明天皇の真意とは違う方向へ

ただ、じつは、行幸や親征、さらには倒幕といった動きは孝明天皇の真意ではなかった。孝明天皇は過激な攘夷主義者であったが、幕府を倒すつもりなどさらさらなかった。あくまで政治は幕府に委ねようと考えていた。それなのに、朝廷を長州藩士に乗っ取られ、過激化していく公家たちに対し、逆らうことができずにうなずくしかなかったのである。

しかし、ここまでくるとさすがに天皇も耐え切れなくなり、公武合体派の島津久光《しまづひさみつ》（薩《さつ》摩《ま》藩主の実父で藩最大実力者）や中川宮《なかがわのみや》（久邇宮朝彦《くにのみやあさひこ》親王）に相談した。

こうして、孝明天皇の真意を理解すると、会津《あいづ》藩や薩摩藩など公武合体派勢力は文久三年（一八六三）八月十八日に朝廷内でクーデターを決行し、尊攘派公家七名と長州系志士らを朝廷から駆逐したのである。その後、孝明天皇は京都守護職を務めた会津藩主の松平《まつだいら》容保《かたもり》、さらに将軍後見職である一橋慶喜《ひとつばしよしのぶ》を深く信頼するようになった。とくに慶喜を信頼したのは横浜鎖港《よこはまさこう》（最大の国際港である横浜を閉鎖する）を強力に進めたからである。やがて、孝明天皇は慶喜を禁裏守衛総督《きんりしゅえいそうとく》に任じ、全面的に信任を置くようになった。

だが、慶応《けいおう》元年（一八六五）に諸外国の艦隊が兵庫沖に来航して通商条約の勅許を求めたとき、慶喜はしかたなく将軍家茂に代わって朝廷に強く勅許を求め、とうとう天皇は勅許を下したのである。

先の藤田覚氏は、「かの頑迷というべき鎖国攘夷主義者の孝明天皇が、とうとう通商条約を勅許してしまった。孝明天皇が幕末政治史のうえに持っていた積極的な存在意義、すなわち、みずから鎖国攘夷を唱え、日本中を政治闘争の坩堝《るつぼ》にたたき込んだ尊王攘夷運動としての意義は、ほとんど完全に消え失《う》せてしまった」[3]と評している。

こうして政治的生命を失った孝明天皇は以後、ひたすら慶喜や容保に頼るようになった。ただ、通商条約の勅許を与えたものの、彼の攘夷思想は死ぬまで変わることはなかった。京都に近い兵庫の開港だけは拒み続けたのである。

一方、長州藩は下関《しものせき》に襲来した列強の連合艦隊にあっけなく敗れ（四国艦隊下関砲撃事件）、薩摩藩も鹿児島《かごしま》に攻めてきたイギリス艦隊に大きな痛手を受け（薩英《さつえい》戦争）、両藩の尊攘派ははっきり攘夷の不可を認識するようになった。とくに薩摩藩は欧米列強の植民地に転落するのを防ぐため、朝廷を中心とした雄藩の連合政権をつくる必要を感じた。

つまり、攘夷思想を捨て去ったのである。そして、慶応二年（一八六六）正月、ひそかに薩長《さっちょう》同盟が締結された。同年の第二次長州征討では薩摩が参加を拒否し、裏で長州を助けたこともあり、幕府の征討軍は大敗を喫してしまった。このままいけば、幕府の崩壊は時間の問題となったのである。

同年十二月、脚気《かっけ》で死去した家茂に代わって将軍となったのは一橋慶喜であった。慶喜は倒幕派が勢いづくなか、孝明天皇の幕府への信任を支えとして朝廷を制し、幕府の猛烈な軍制改革を展開して倒幕派に対抗しようとし始めた。

ところが、同年十二月二十五日、孝明天皇が急死してしまったのである。

天然痘《てんねんとう》による病死とされるが、体中の穴から血が噴き出し、顔面の紫斑《しはん》とその最後の苦しみ方は、毒殺ではないかとささやかれた。犯人は大久保利通《おおくぼとしみち》と岩倉具視だという説もあるが、もはやたしかめようはない。ただ、幕府や慶喜を強く支持する孝明天皇が急死したことで、最も得をしたのは倒幕派だったのは間違いないだろう。天皇はまだ、三十六歳であった。

いずれにせよ、孝明天皇の強い個性がなければ、明治維新は起こらず、幕府政権が続いていた可能性が高いのである。

異説2

幕末の日本は英仏に侵略されかけていた!?

幕末に二千人を超える英仏軍が駐屯した横浜

高台にある「港の見える丘公園」（横浜《よこはま》市中区《なか》山手《やまて》）は、昼間は家族連れでにぎわい、夜はライトアップされたベイブリッジやマリンタワーが一望でき、カップルが愛を語り合う場に変わる。そんな平和な場所に、じつは幕末《ばくまつ》から明治初期にかけての一時期、二千人を超えるイギリス軍とフランス軍が駐屯していたのをご存じだろうか——。

その名残は、いまも公園敷地内のフランス山と呼ばれる地名に残っている。

いったい、なぜ、これほど多数の外国軍がこのあたりに駐屯していたのだろうか——。

安政《あんせい》五年（一八五八）、江戸《えど》幕府は列強諸国と不平等な通商条約を結び、翌年から横浜港を開いて交易を始めた。百万都市の江戸に近いことから、横浜港は国際港だった長崎を抜いて全交易額の八割を占めるほどになった。横浜の居留地にも多くの外国商人が居住するようになる。

しかし、彼らが商取引を始めたことで、生糸《きいと》や茶などの輸出品が国内で不足し、これに連動して諸物価が高騰していった。このため、庶民の生活は苦しくなり、人びとは外国人を憎むようになり、攘夷《じょうい》（外国人排斥）運動が高まっていく。

こうしたことから、イギリスのラザフォード・オールコック公使は危険を感じ、イギリス本国や海軍当局に居留民を保護するために軍艦を派遣してほしいと要請する。

このあたりの経緯は、鵜飼政志《うがいまさし》氏の研究にくわしい[5]。

鵜飼氏によれば、オールコックは本国外務省と上海《シャンハイ》を拠点とする東インド艦隊中国方面分遣艦隊司令長官ジェームズ・ホープ准提督に軍艦一隻の常駐を求めたとする。それに対して、外務省はオールコックの要求を了承したものの、その旨を海軍省に伝えただけだった。しかし、ホープはその依頼を断ったのである。

その後、江戸や横浜で外国人に雇われている日本人やオランダの船長などが攘夷主義者に殺害される事件が続発する。このため、オールコックは再度、ホープに日本への軍艦派遣と軍艦の常駐を要求したのである。しかし、ホープはなかなか応じようとしなかった。

ただ、イギリス外務省がその必要性を認識して強く海軍省に迫った結果、ようやく海軍省はホープに軍艦の派遣を命じたのである。そうしたこともあって、ホープは軍艦三隻を横浜に派遣した。だが、「オールコックが求めていたものは、日本側をして、現在の対日関係をたちどころに改善させしむるだけの武力をそなえた大艦隊による威嚇《いかく》」[5]だったので、オールコックは大いに不満を鳴らしたという。

その後も外国公使館が集まる江戸では外国人襲撃事件が続発する。万延《まんえん》元年（一八六一）十二月には麻布《あざぶ》でアメリカ公使タウンゼント・ハリスの通訳ヘンリー・ヒュースケンが斬殺され、同年五月にはなんとイギリス公使館（高輪東禅寺《たかなわとうぜんじ》）が水戸《みと》浪士の襲撃を受けたのである。しかも、その目的は公使オールコックの殺害であった。幸いオールコックは無事だったものの、イギリス人書記官や長崎領事が負傷し、警固《けいご》の武士が死亡した。

こうしたこともあって、文久《ぶんきゅう》元年（一八六一）の春になると、「多数の武士たちが横浜に攻め込んできて、私たちを殺戮《さつりく》するらしい」というデマが外国人居留民のあいだに流れ、多くの外国人が横浜から退去する騒ぎとなった。

そのため、オールコックは幕府に警備の強化や浪士の取り締まりを徹底するよう迫り、ホープに対しても善処を求めるが、なかなか彼は軍艦を率いて訪日しようとせず、ようやく横浜に入港したのは八月に入ってからであった。

しかし、鵜飼氏によれば、「ホープの対日観は日本滞在期間中に変貌していった」[5]とする。ホープは日本に軍艦が常駐すべきだという認識に達し、結果、イギリス本国も「攘夷運動に対する駐日外交団および自国居留民の生命、財産保護」と「対日外交交渉を有利に運ぶための示威手段の確保」として、その必要を認めたのである。

こうして、文久二年（一八六二）八月、陸軍第六十七連隊分遣隊二十八名が横浜に上陸した。

しかし、これより二カ月前、同じイギリス公使館で、今度は警備の武士がイギリス水兵二人を殺害するという事件が起こった。

将軍に無断でイギリス軍の駐屯を認めた幕臣

さらに、八月、あの生麦《なまむぎ》事件が発生する。

イギリスの生糸商ウィリアム・マーシャルら四名のイギリス人が横浜居留地から川崎大《かわさきだい》師《し》に向かう途中、生麦村（横浜市鶴見《つるみ》区）近辺で薩摩《さつま》藩（島津《しまづ》久光《ひさみつ》）の行列に出くわし、誤って行列に馬を乗り入れてしまったことから、薩摩藩士数名に襲撃されて死傷したのである。

この事件が伝わるや、横浜の外国人居留民たちは激高し、列強諸国の外交代表に対して「横浜に停泊している軍艦（八隻）にいる水兵を上陸させ、すぐに薩摩藩一行を追いかけて殲滅《せんめつ》すべきだ」と要求した。

にわかに戦争が現出しそうな状況が発生したのである。

このとき、オールコックは休暇で帰国しており、代理公使はエドワード・セント・ジョン・ニールが務めていた。ニールは横浜でおこなわれた居留民を含めた会議で、「実際上日本と開戦するに等しい結果を招くことになるが、そのような手段は容認できるものではない」[6]と断固武力行使に反対した。

イギリスの通訳生として着任したばかりだった外交官のアーネスト・サトウは、このときのニールの選択は「最上の方法」であり、もし島津久光一行を追いかけて戦っていたら、その報復として長崎の外国人がただちに薩摩軍によって虐殺され、そうなれば「英・仏・蘭連合の遠征軍」が日本に派遣され、「幾多の血なまぐさい戦争が行われて、天皇《ミカド》の国土は滅茶苦茶《めちゃくちゃ》になっただろう」「日本はおそらく壊滅的な無政府状態となり」「通商は抹殺《まっさつ》されてしまい、ヨーロッパ人と日本人の無数の生命が、島津三郎《さぶろう》（久光）の生命と引き替えに、犠牲に供されたにちがいない」[6]と、のちに回想している。

このように、生麦事件は外国人との全面戦争に発展する可能性が大いにあり、ひいては日本の植民地転落の導火線となったかもしれない大事件だったのだ。

ともあれ、こうして薩摩軍との交戦を阻止したニール公使だったが、居留民たちの安全を攘夷主義者からどう守るかが、ニールをはじめ各国公使の大きな課題となった。

同年十二月、ニールは幕府が居留民の生命と財産を保護できないので自国の軍隊を駐屯させて横浜の防衛にあたると通告し、翌文久三年（一八六三）三月、上海のイギリス陸軍司令官ブラウン少将に宛てて陸軍部隊二千名の派遣を依頼した。

さらに、四月にはフランス公使や英仏提督とともに幕府と交渉をおこない、横浜居留民の保護を名目に、七月に軍の駐屯権を獲得することに成功したのである。

これにより、横浜の地に続々と英仏両軍が上陸してくることになった。

最初に到着したのはフランス軍であった。同年五月、フランスの海兵隊とアフリカ猟歩《りょうほ》第三大隊分遣隊がフランス艦モンジュで来港し、三百人ほどが現在のフランス山一帯に駐屯を開始した。

イギリス軍は十一月になってから陸軍歩兵第二十連隊分遣隊が来日し、続いて翌元治《げんじ》元年（一八六四）四月に本隊が到着する。こうして、あわせて約千五百人もの大軍が駐屯することになった。さらに、翌月にはイギリスの海兵隊約五百名もやってきた。次々と建造される外国軍の兵舎や閲兵場《えっぺいじょう》といった恒久的施設は、なんと幕府が経費を負担した。まるでのちの日米安保条約と地位協定のようだ。

ちなみに、外国軍の横浜駐屯許可は老中の小笠原長行《おがさわらながみち》やその配下の酒井忠毗《さかいただます》らが決定した事項であり、幕府全体の意向ではなかった。というのは当時、将軍家茂《いえもち》をはじめ、幕閣の多くが京都や大坂《おおさか》に滞在していたからだ。つまり、小笠原らは独断で生麦事件の賠償金の支払いを承諾するとともに、外国軍の駐屯を認めてしまったわけだ。

もちろん、日本の主権を侵され、植民地への転落につながる危険性は、小笠原ら江戸留守組首脳部も十分に承知していた。そのうえで、あえてこの決断をしたのである。それには理由があった。

当時の京都では長州《ちょうしゅう》藩を中心とする攘夷主義者たちが朝廷を牛耳り、将軍に対してさかんに攘夷決行を迫り、ついにはそれを確約させてしまい、幕府を窮地に立たせていたのである。

こうした状況に不満を募らせたのが保守強硬派の小笠原ら江戸留守組であった。彼らは幕府の威信を回復するため、京都でクーデターを起こして攘夷主義者を駆逐しようと画策しており、そのときに英仏駐屯軍の軍事力を有効に活用したいと考えていた。

実際、小笠原は文久三年（一八六三）七月に幕府軍約千六百名を引き連れて海路で京都に向かうが、この際、幕府兵を運んだチャーター船はイギリスなどの外国船であった。ただ、淀《よど》（京都市伏見《ふしみ》区）において将軍家茂が入京を強く差し止めたので、小笠原の計画は失敗に終わったのだった。

ともあれ、外国軍の力をもって国内の攘夷派を抑えて幕府の権威復活を図るというのは、国家の独立を危うくする、まことに安易な手法といえた。

当時のイギリス軍は約十四万人の規模を持ち、大英帝国の威信を維持するため、その軍隊は全世界に散って活動していた。そのうち、陸軍歩兵連隊は全部で百九隊存在したが、横浜には五つの連隊が入れ替わりで駐屯した。

最初に着任したのは第二十連隊であった。イギリスの陸軍連隊は隊員が世襲されることが多く、それぞれが独特の伝統を持ち、密接な人間関係をつくり、結束も固かった。興味深いのは赴任地に妻子をともなうのを容認されていたことだろう。だから、第二十連隊も兵士の妻や子どもが多く横浜に滞在しており、のちに上陸した第十連隊も、総員七百八十八名のうち、兵士の妻四十七名、子ども百名近くを含んでいた。このため、駐屯地には子どもたちのために学校がつくられ、図書館も設立された。ただし、なぜか海兵隊に関しては、妻子の同伴はいっさい許されなかった。

駐屯イギリス軍のなかには植民地で徴募《ちょうぼ》された兵士もいた。とくに頭にターバンを巻いたシク教（ヒンドゥー教の一派）信者はめずらしかったのだろう。当時の『横浜新聞』には「黒面人」と紹介されている。同じくフランス駐屯軍の主力も北アフリカのマグレブ（フランスの植民地アルジェリア）で編制された植民地兵であった。このように、英仏駐屯軍は民族や宗教なども大変多様な地球的規模の混成部隊だったのである。

横浜ライフを満喫した英仏軍兵士

こうして日本にやってきた英仏駐屯軍の兵士たちは居留地の横浜でどんな生活を送っていたのであろうか——。

フレデリック・デーヴィスは元治元年（一八六四）七月から慶応《けいおう》二年（一八六六）まで横浜に滞在した第二十連隊第二大隊の軍楽隊員である。彼は日本での生活を手記に残している。それによれば、駐屯軍は横浜港を見渡す高台につくられた木造兵舎に住み、港からの涼風のおかげで真夏でも快適に過ごすことができたとある。隊の任務は居留地の警備だが、その手記を読むかぎり、まったく戦闘行為に関与せず、のんびりした毎日を送っていたようだ。おもしろいのは、初めて経験する地面の揺れにショックを受けていることだ。地面の揺れとは、いうまでもなく地震のこと。でも、あまりに頻繁に揺れるものだから、やがて地震に慣れ切ってしまったと語る。

のちに着任した第九連隊のジェフソンとエルムハーストも『日本での生活』と題する読み物を書いている。それによれば、士官の多くが乗馬や競馬に明け暮れ、狩猟に夢中になっていたという。サルやヤギ、シカやネズミなどのペットを飼う兵士も多かったらしい。居留民のために軍楽隊や兵士で構成された劇団がさかんに音楽会や演劇をおこなったようで、劇には兵士の妻たちも出演している。居留民を交えてのクリケット大会やボウリング大会、ボートレース、ライフル大会、フットボール大会、運動会など、じつにさまざまなスポーツやレクリエーションが催されている。

駐屯軍兵士は二十代が圧倒的な割合を占めたので、外国人相手の遊郭にのぼって芸妓《げいこ》と酒宴を楽しむ者も少なくなかった。なかには日本人女性を愛人として囲う外国人もいた。ちなみに、外国人の愛人となった女たちを、当時はラシャメン（洋妾《ようしょう》）と呼んだ。

不運にもコレラや天然痘で病死したり、精神を病んでみずから命を絶ったりした兵士たちもいたが、大半はこのように横浜での生活を謳歌《おうか》していたのである。

先に紹介したデーヴィスは手記のなかで、「我々が中国に戻る準備をするように命令を受けた時、私は何とも言えない程残念な思いがした。(中略)このすばらしい国日本を離れ、再びあの、まさに墓場と呼ぶにふさわしい中国の地に戻らねばならないということがとても耐えられなかったからである」[7]と語っている。実際、第二十連隊に帰国命令が発せられたとき、兵士の多くが除隊して横浜に住み着く決意をしているのだ。それほど彼らにとって日本での生活は快適なものだったのである。

横浜居留地では日本人と英仏駐屯軍兵士との交流もあった。

デーヴィスの手記には「日本人は彼らの領地に侵入してきた大勢の外国人を、初め、ややいぶかしげに眺めていたが、まもなく出迎えた時のよそよそしさは消え、我々はすっかり仲の良い友人同士になった」[7]と、その様子を語っている。さらに、彼は日本人の気質を「手先が器用、商売好き、見知らぬ人に親切、やや詮索好き、外国の美術品に劣るまいとする負けず嫌いな性格、西洋文明のすばらしさを理解する能力がある」と分析するなど、非常に高く評価している。

「商売好き」とあるように、居留地周辺の日本人たちは外国人兵士を格好の顧客とみなした。というのは、明治七年（一八七四）の時点でさえ、居留地に住む一般外国人は中国人を含め三千二百人程度であったのだ。だから、二千の兵士がいかに大人数かわかるだろう。日本人商人にとっては、まさに大きなビジネスチャンスの到来だったのである。

そんなわけで、兵士たちが町を歩けば、行商人や遊女が彼らをとりまき、ものを売ろうとしたり、仲よくなろうとしたりした。なかには牛肉やパン、ビールなど外国人兵士が好む食品の需要に応じようと、生産技術を学んで開業する人びとも登場した。

横浜の兵士には通常の給与に加え、海外勤務に対する手当や戦時加俸が支給されたので、かなりいい報酬を得ており、お金を気前よく落としてくれた。とくに酒を好む者が多く、酒場は大繁盛だった。ただ、酔っぱらって暴れたり、ケンカをしたりする兵士もあとを絶たず、盗みや強盗をはたらく質《たち》の悪い者も少なからず存在した。

幕府によって独占された英仏軍の軍事技術

幕府は横浜の英仏駐屯軍から意欲的に軍事技術を吸収しようとした。第二十連隊が着任早々、神奈川奉行支配調役定番役頭取取締《しはいしらべやくじょうばんやくとうどりとりしまり》の窪田泉太郎《くぼたせんたろう》は部下たちに命じて同連隊による銃隊調練を受けさせている。幕府軍は以後、イギリス駐屯軍からたびたび軍事指導を受けて洋式戦術を習得していき、元治元年（一八六四）には日英合同閲兵式を開催できるまでになった。このとき、幕府の兵士たちは洋式の軍服であったという。

一方で、幕府は諸藩が横浜の英仏軍と個別に接触することを許さなかった。加賀《かが》藩や紀州《きしゅう》藩など、きわめてかぎられた藩が幕府の許可を得て少人数の藩士を横浜に派遣し、駐屯軍に教えを請う程度しか認めなかった。すなわち、英仏駐屯軍の有する軍事技術は幕府によって独占されていたことになる。ようやく諸藩と駐屯軍との交流が緩和されるのは幕府が瓦解したあとのことだった。ちなみに、薩摩藩をはじめ、多くの大名《だいみょう》家が明治政府成立後にイギリス駐屯軍の指導を受け、その軍制をイギリス式へと改めたといわれる。

なお、慶応元年（一八六五）に着任したイギリスのハリー・パークス公使は薩摩藩や長州藩など雄藩とのつながりを強めたため、幕府とイギリスの関係は急速に冷却化し、やがてその交流は途絶えてしまった。

ところが、フランスのレオン・ロッシュ公使はイギリスと対抗する気持ちもあって、にわかに幕府に接近した。このため、幕閣はイギリスに代わってフランスを頼りにするようになった。たとえば、親仏派の幕閣栗本鋤雲《くりもとじょうん》はロッシュに対して「イギリス駐屯軍に対抗するため、三百名にすぎないフランス駐屯軍の現有勢力を増強してほしい」と願い出ている。

ただ、ロッシュの努力にかかわらず、なかなかフランス軍の増強は実現しなかった。しかしながら、フランス政府と海軍省は幕府を全面支援することに決め、幕閣が別途フランス政府に求めていた軍事顧問団の派遣を決定した。

こうして来日したフランス軍事顧問団は徴募された幕府の伝習隊《でんしゅうたい》を横浜の地で一年あまりにわたって徹底的に訓練した。結果、幕府は強力な洋式歩兵軍を所有することになり、その軍事力は一気に上昇した。ちなみに、伝習隊は鳥羽・伏見の戦いのあと、新政府軍が関東地方に襲来すると、大鳥圭介《おおとりけいすけ》に率いられて江戸を脱し、北関東、会津《あいづ》と転戦し、ついには蝦夷地《えぞち》に渡って戊辰《ぼしん》戦争を戦い抜いた。フランスの軍事顧問団のなかにはジュール・ブリュネのように旧幕府の伝習隊と最後まで行動をともにした士官たちもいた。

いずれにせよ、このように、幕府は英仏駐屯軍を十分に軍事的に活用したのである。

幕末の横浜港は最大の貿易港であり、毎日生糸や茶が大量に輸出され、外国からは綿織物や毛織物が莫大《ばくだい》に流入した。おそらく日本史の授業でそんなふうに学んだことだろう。たしかに、それも事実である。

けれども、輸入は日用品だけではなかった。艦船や武器など軍事関係の品々が膨大に含まれている現実も知っておくべきだ。とくに横浜における小銃の輸入量は全国の約六割を占め、戊辰戦争のときだけで、およそ二十万挺《ちょう》を超える小銃が外国商人を通して横浜港に陸揚げされたといわれる。つまり、横浜は日本最大の武器取引市場でもあったのである。

さらにいえば、商港としての機能だけが横浜のすべてだと考えてもいけない。

列強諸国から見れば、横浜は東アジアを制するための戦略ネットワークの一大拠点だったのである。とくに大英帝国イギリスにとっての横浜は香港《ホンコン》、上海からつながる重要な軍事拠点（基地）と認識されていた。

実際、横浜港内には列強の軍艦がつねに十隻程度停泊しており、先述の英仏駐屯軍も最大時二千名を超えた。もし居留民を保護するだけの目的なら、緊急時に彼らを収容する商船数隻と、その際の安全を確保する兵数百がいれば十分こと足りる。

二千という数は当時の日本でいえば十万石大名の家臣数に相当する。しかも、彼らは最新の兵器を携え、実戦経験があるうえ、湾内に停泊している軍艦に乗り込んで、迅速かつ自由に行動することができた。それを考慮すれば、百万石の実力を有していたと評しても、あながち言いすぎではないだろう。しかも、横浜の兵力は英仏駐屯軍にかぎったものではなく、居留地警備のオランダ兵やアメリカ兵、停泊している諸国の軍艦搭乗員など、列強の軍事関係者すべてを集めたら、六千名は下らなかったと考えられている。

すなわち、きわめて強力な大軍が大都市江戸の目と鼻の先に駐屯していたわけで、幕府にとってはまさに喉元に刃《やいば》を突きつけられた状態だった。軍艦という迅速な移動手段があるから、その状況は諸藩も同様だったといえる。実際、薩英戦争と下関《しものせき》砲撃の艦隊はここ横浜港から出撃している。

薩英《さつえい》戦争はイギリスが軍艦七隻を率いて生麦事件の犯人引き渡しや賠償を求めて薩摩藩の鹿児島湾に向かい、要求が聞き入れられなかったとして、鹿児島城下を無差別砲撃した事件である。文久三年（一八六三）七月の出来事だ。

下関砲撃は元治元年（一八六四）八月、英仏蘭米の四国連合艦隊十七隻が長州藩の下関に来襲し、下関海峡に備えつけられた砲台を次々に破壊、占拠して長州藩を完全に屈服させた戦いである。長州藩では前年から下関海峡を通過する外国船にしばしば砲撃を加え、海峡を封鎖しようとしていた。列強諸国の日本交易ルートは上海、長崎から下関海峡を経て横浜にいたるもので、下関の封鎖は列強にとって許すべからざる行為であり、なんとしても航行の自由を確保する必要があった。

いずれにせよ、このように、横浜は列強の軍港としての役割を果たしており、外国艦隊はいつ何時《なんどき》でもこの港から列島各地に出撃することが可能だったのである。

イギリスが画策した対日戦争計画

そうはいっても、横浜にいる艦船と兵士だけでは日本全体を制圧し、植民地にするのは難しい。ところが、イギリスは日本人の攘夷運動が過熱した文久二年（一八六二）から三年にかけて、さまざまな事態を想定して対日戦争計画を立案していたのである。

結果的に日本と全面戦争して勝利するのは兵力や兵站《へいたん》の面から困難であり、当時の日本市場の価値の低さから見て、そうした危険を冒してまで戦うメリットはないとして、同案は破棄された。妥当な結論だが、万が一計画が実行に移されていたら、その主力をなしたのは間違いなく横浜の英陸海軍だったろう。

横浜港はまた、東アジアを制するための列強の軍事・兵站基地でもあった。事実、横浜のフランス駐屯軍は慶応二年（一八六六）に朝鮮半島に、翌年にコーチシナ（現ベトナム南部）に出兵している。また、安政六年（一八六〇）から翌年にかけて英仏両軍は中国に遠征をおこなったが、その折に英軍兵站局はオールコック駐日公使に馬や牛などの物資供給が可能かどうか、それらを積み出す港が存在するか否かを問い合わせている。そこでオールコックは老中の脇坂安宅《わきさかやすおり》に対し、幕府の役所を通じて横浜など各港で牛馬を購入したいと申し入れた。これに対して、幕府は日本の牛馬を中国との戦いで用いるのだと察知してこの申請に難色を示したが、イギリス側は軍事的な圧力をちらつかせて強引に要求を飲ませたのである。このとき、国産馬約三千頭が輸出されたと推定され、そのうち横浜港からの輸出は全体の三分の一を占めた。同じく、フランス軍も横浜から牛馬など大量の物資を調達している。

このように、幕末の横浜港は、たんに平和な交易港ではなく、東アジアにおける列強諸国の一大軍事拠点であり、列強の侵略を後方支援する兵站基地でもあり、さらにはわが国を制圧する強大な要塞、軍都でもあったのだ。

先に紹介したデーヴィスは、その手記に横浜のことを「植民地」と明記している。つまり、彼は横浜を、いや、もしかしたら日本全体についても自国の植民地だと認識していたのではないだろうか――。

幕府を倒した明治政府は近代国家を標榜《ひょうぼう》していただけに、そうした意識を持つ外国兵士がいる英仏駐屯軍の存在は黙認しがたかったはず。にもかかわらず、幕府同様に英仏両軍の駐屯をすんなり認めてしまっているのだ。

意外にも、その理由は明治政府が軍事力を有していなかったことにある。ウソのような話だが、戊辰《ぼしん》戦争で戦った新政府軍は諸藩からの寄せ集めにすぎず、戦後はそれぞれが国元に帰ってしまい、新政府の直属軍はなきに等しかったのだ。

そうしたなか、横浜など外国人居住区では相変わらず彼らをターゲットにした襲撃事件が続発していた。明治政府は開国和親を国家方針として掲げたが、攘夷思想は根強く残っており、攘夷主義者の襲撃から横浜の外国人居留民を守る力はなく、どうしても英仏駐屯軍の力が必要だったのである。

この問題が解決するのは明治四年（一八七一）のことであった。明治政府は薩摩、長州、土佐《とさ》の三藩に八千人の兵を献上させて常備軍（御親兵《ごしんぺい》）を創設。その軍事力を背景に廃藩置県を断行して藩を一挙に消滅させ、政治的な統一を果たしたからであった。

ここにおいて、ようやく明治政府は主権を侵害している英仏駐屯軍に撤退を求めるようになった。本格的な交渉は明治五年（一八七二）十一月に始まる。岩倉具視《いわくらともみ》を団長とする政府の遣欧使節団がイギリスでグランヴィル・ルーソン＝ゴア外務大臣と会談し、そのなかで横浜駐屯軍の撤退を要請したのである。

当時のイギリス政府は財政難やヨーロッパに軍事力を集中する目的から、横浜の駐屯軍をまもなく撤退させる方針だった。しかし、会談でグランヴィルはそれを明言せず、同席していたパークス駐日公使にその判断を一任する旨を日本側に伝え、解決を先送りにした。

こうして、交渉の場を日本に移し、政府とパークス公使とのあいだで話し合いがおこなわれることになった。パークスは佐賀の乱や台湾《たいわん》出兵など、日本の国情がいまなお不安定なことを理由に撤兵を渋り続けた。

ところが、明治八年（一八七五）、にわかに態度を豹変させ、横浜駐屯軍の撤退に応じたのである。

これは、列強諸国の共同歩調が乱れたためであった。アメリカが日本と独自外交を展開し、関税自主権の撤廃に同意（実現はせず）し、日米郵便交換条約を締結して在日郵便局を廃止したため、明治政府はアメリカとの交渉進展を足がかりに、イギリスに対してさまざまな不平等の撤廃を求める外交的攻勢に出ようとしたのだ。これにより、日英関係がにわかに緊張する。そこで、イギリス政府は摩擦を改善すべく、外交の切り札だった駐屯軍問題に譲歩し、撤兵に同意したのだといわれる。フランス政府もイギリスにならい、一挙に駐屯軍問題は解決する。

駐屯軍撤退に関する外交的儀礼は明治天皇が英仏両軍の下士官と会って勅語を下賜することで無事に終了した。その後、横浜町会所において盛大な別離の舞踏会が催された。西《さい》郷従道《ごうつぐみち》や大山巌《おおやまいわお》など日本陸海軍の重鎮がこの催しに出席。参加者は総勢で四百名を超えたと伝えられる。

同年三月二日、英仏駐屯軍はイギリスの輸送船とフランスの郵便船に分乗して横浜港をあとにした。最大二千を超えた駐屯軍は明治維新後は急速に削減されていき、撤収の際は四百名にすぎなかった。つまり、横浜の駐屯軍は英仏両政府の威信を示すためのシンボルにすぎなくなっていたのである。逆に、明治政府にとってみれば、その存在は恥辱であり、汚点であったから、たとえ少人数とはいえ、彼らを国外に退去させたかった。そして、ようやくそれが実践できたのは国権回復の第一歩であり、欧米列強と対等な立場に立つという遠大な目標に近づいたことを示す象徴的な出来事だったのである。

異説3 幕府を追いつめたのは薩長ではなく世直し一揆だった!?

横浜の外国人による搾取に怒った農民たち

慶応《けいおう》二年（一八六六）六月十三日、その騒動は突然始まった。武蔵《むさし》国秩父《ちちぶ》郡上名栗《かみなぐり》村（現埼玉《さいたま》県飯能《はんのう》市）の人びとが高麗《こま》郡飯能村（同前）に押しかけて米屋や酒屋を襲撃したのである。この打ちこわしは、たちまち武蔵国十五郡、上野《こうずけ》国二郡あわせて二百村あまりへと広まっていった。驚くべきことに、十数万人が騒動に加わり、五百二十軒以上の屋敷をことごとく破壊したのである。

この大規模な百姓一揆《いっき》を武州《ぶしゅう》世直し一揆と呼んでいる。

同時多発的かつ燎原《りょうげん》の火のごとき速さをもって拡大したのが、この一揆の大きな特徴であった。つまりは、もともと大規模な騒動に発展する可能性を、この時期の武蔵地域は孕《はら》んでいたことになるわけだ。

ただ、拡大したのは地域要因だけが理由ではなかった。

飯能村には周辺三十カ村からほぼ同時に二、三千もの人間が乱入してきている。こうしたことから、研究者の森安彦《もりやすひこ》氏は、一揆には明らかにオルグ（先遣隊）が存在しており、数名が一組になって各村に散り、蜂起を計画的に促したのだと主張する。

一揆の指導者たちは巧みにこうしたオルグを使って名主《なぬし》などの村役人に村ぐるみの一揆への参加を強要していった。「言うことを聞かなければ、村役人の家屋を打ちこわす」と脅したという。このため、多くは脅迫に屈し、みずから村人たちを引き連れ、自村の高利貸や米屋、豪農などの屋敷を破壊する世直しを実行し、さらにそのあと、今度は隣村に出向いて一揆への参加を呼びかけたのだった。

こうして、雪だるま式にその規模が巨大化していったというわけである。

当初、一揆や打ちこわしの主体となったのは日雇いなど、いわゆる半プロレタリア層や、土地をあまり持たずに労働力を提供して生きる小前《こまえ》貧農層であった。

一揆が発生した直接的な原因は、ここ数年の諸物価の高騰であった。

高騰の理由は横浜《よこはま》で始まった列強諸国との交易であった。

もっとはっきりいえば、開港場の横浜にいる外国商人たちのせいである。彼らが日本の生糸《きいと》や茶を手当たり次第に買いあさっていくため、その値段が暴騰し、これに釣られて諸物価が上がっていったのだ。

驚くべきことだが、米価にいたっては、横浜が開港する前に比較すると、わずか数年で九倍近くに値が上がっている。そんな状況でいちばん生活が苦しくなるのは、貯蓄のないその日暮らしの半プロレタリアート層や小前貧農層だった。ゆえに、困窮に耐え切れなくなった彼らが暴発にいたったというわけだ。

一揆のターゲットは、そんな外国商人に協力し、横浜の交易で大儲《おおもう》けする生糸を扱う日本商人たちである。とくに秩父地方では農村に生糸商人たちが入り込み、日雇いや貧農がつくる生糸を安く買いたたくなどして搾取をおこなってきた。

だから、武州世直し一揆では生糸商人の屋敷については問答無用で打ちこわすという取り決めがなされている。

ただ、最終的な一揆勢の狙いは、大挙して横浜になだれ込んで、外国人の貿易商社を徹底的に破壊し、外国人を国内から追い払うことにあった。

つまりは生活防衛のための攘夷《じょうい》運動だったのである。

しかし、もうひとつ、対外貿易による物価の高騰のほかに、この一揆にはもっと根深い発生要因が潜んでいた。

幕末の農村に現れた「格差社会」

それは、農村における階層の分化であった。

十九世紀になると、とくに関東《かんとう》地方ではそれが急速に進んでいった。

十一代将軍徳川家斉《とくがわいえなり》は十八世紀後半から五十年近くにわたって権力を握り続けた。しかも、華美な生活によって幕府財政が苦しくなると、貨幣に含まれる金銀の含有率を落とし、その差益でしのぐという手法を繰り返したのである。このため、悪貨が大量に流通して諸物価が上がり、下層民は苦しい生活を強いられた。農村でも状況は同じで、借金を重ねる者が増え、それが返済できずに担保にした土地を手放す農民が急増していった。

一方で、そうした貧しい者に金を貸し、あるいは質流《しちなが》れ地《ち》を集積して経済的に力をつけたり、地主になったりする農民が現れた。それが豪農である。

また、家斉の贅沢《ぜいたく》な暮らしは武士たちの自堕落《じだらく》を招き、それは庶民層に伝染し、社会全体が弛緩《しかん》していった。このため、関東の農村では博打《ばくち》が大流行し、博徒《ばくと》や無宿者《むしゅくもの》が農村に入り込み、賭け事で身を持ち崩す農民たちも少なくなかった。

博打をするには金銭が必要だが、この時期の農村には銭を保有できる環境が整っていた。都市の商人たちが豊かな資金を用いて農村で多様な商品作物や織物を生産するようになったため、田畑の耕作をやめて日雇い労働で生活する貧農が急増。さらに、ほかの地域から労働力として流入してくる貧民も増えた。そうした者たちが労働力の対価として貨幣を手にするようになったというわけだ。

いずれにせよ、農村は一部の豪農（勝ち組）と多数の貧農や半プロレタリアート（負け組）で構成されるようになったのである。

だから、一揆勢は「世直し」「日本窮民為《きゅうみんのため》」といった旗を押し立て、これ以上の豪農による収奪をやめさせ、農村に平等な世界の確立を求めたのである。

前出の森安彦氏によれば、武州世直し一揆の要求は次の六点に集約できるという。

物価の引き下げ（とくに米穀の安売り）、質品と借金証文の無償返還、質地《しちち》と質地証文の無償返還、施米《せまい》・施金《せきん》、一揆勢に対する食料の提供、一揆勢に対する打ちこわし人足の提供だ。

そのうち、大変興味深い「質地と質地証文の無償返還」について説明したい。

江戸《えど》時代、土地を担保にお金を借りて返済できなかった場合、土地は質流れになってしまった。そんな質地を無償で返還せよという要求である。武州世直し一揆ではあまり多くない要求だったが、これ以後に発生する世直し一揆では、むしろこの質地取り戻しが中心的な要求となっていった。

現代ではとうてい考えられないことであるが、借金のカタに手放した土地であっても、それがかつて所有していた土地であれば、たとえ何年過ぎても、元金さえ払えば、元の持ち主が取り戻してかまわないし、それが権利であるという慣行と意識が存在したのである。

そのうえ、土地を失った貧農が本当に困窮したときには非常の措置として、豪農は集積した土地を無償で貧農に返してやるべきだとする考え方もあった。

そのため、世直し一揆では質地取り戻し要求が強く押し出されたのだ。

大藩がなかったため治安が悪かった江戸郊外

武州世直し一揆がこの時期に発生したのは、主導者側が軍事的空白をついたのだといわれている。

じつは、このとき、幕府は第二次長州《ちょうしゅう》征討を実施しており、幕府軍や関東諸藩の軍隊の多くが出払ってしまっていたのだ。

ただし、江戸幕府は断固、この大規模一揆を鎮圧することを決意する。

万が一、横浜という一大貿易港が一揆勢に襲撃されたら、それこそ国際的な信用はガタ落ちだ。場合によっては列強諸国が激高して対外戦争になるかもしれない。

だから、なんとしても、この一揆を鎮めなくてはならない。そう判断したのである。

こうして、幕府は「一揆勢は見つけ次第に打ち殺してかまわない」と公言し、徹底的な武力鎮圧に乗り出していくが、このときに最も大きな活躍をしたのは農兵であった。

農兵というのは、武装させて兵に仕立てた農民のことである。

そもそも、この構想を唱えたのは関東五カ国の幕府領（二六万石）を支配する伊豆韮山《いずにらやま》の代官江川太郎左衛門英龍《えがわたろうざえもんひでたつ》であった。世界遺産になっている伊豆韮山の反射炉や品川《しながわ》の台場《だいば》を築造したことでよく知られている。そんな英龍はマシュー・ペリーの浦賀《うらが》来航以後、「列強諸国から日本を守るには武士の力だけでは足りず、ぜひとも農民を兵に取り立てるべきだ」と、たびたび幕府に進言していた。

しかし、兵農分離の原則があり、農民には武器の使用を禁じ、土地に縛りつけておくのが決まりだったので、幕府の首脳部はその願いを却下し続けた。

しかし、英龍の死後に家督を継いだ英敏《ひでとし》が文久《ぶんきゅう》元年（一八六一）、再び農兵の取り立てを幕府に申請したのである。ただし、その理由は父と異なり、海防ではなかった。関東の農村の治安維持を主な狙いとしたのだ。

前に述べたように、この時期の農村では「悪党」と蔑まれる博徒ややくざ者が治安を乱していた。とくに関東地方には大藩が少なく、小藩や旗本《はたもと》知行地《ちぎょうち》、幕府領が複雑に入り組んでおり、強盗や殺人を働いた悪党たちは捕縛されそうになると、警察権が異なる他領に逃げ込んでしまい、なかなか捕まえることができなかった。

そこで、幕府は文化《ぶんか》二年（一八〇五）に関東取締出役《とりしまりしゅつやく》という広域捜査官八名を設置、岩鼻《いわはな》代官所の陣屋《じんや》（群馬県高崎市《たかさきし》）を拠点に巡回させることにした。さらに、文政《ぶんせい》十年（一八二七）には十数カ村以上の近隣の村々をまとめて寄場《よせば》組合をつくらせ、関東取締出役と協力して治安維持や風俗の取り締まりにあたらせるようになった。

そうしたこともあって、村役人などの農民上層部は治安維持や自衛のため、自宅に道場をつくらせ、子弟や村人たちに武術稽古をさせたり、武装したりするようになった。

幕府は身分不相応であるからとして、武術訓練を規制した。

だが、研究者のデビッド・ハウエル氏は、その一方で、「最近は浪人や無宿が村を徘徊《はいかい》して無心をしたり、不法なことをしているので、今後そうした者を見つけたら容赦なく取り締まり、場合によっては殺害してもかまわない。必要があらば鉄砲を使ってもよい」と記された文久元年（一八六一）の幕府の触書《ふれがき》を紹介し、「領主が百姓による致命的暴力の行使を認めるだけでなく、積極的にそれを奨励するとはほとんど未曽有《みぞう》のことであった。近世日本の身分的秩序をまるで否定するかのような行為である」[8]と論じている。

それから数年後、幕藩体制は薩長《さっちょう》倒幕派の画策によって崩壊していくわけだが、なぜ二百六十年も続いたこの体制に一般民衆があっさり別れを告げることができたのか。

その理由として、ハウエル氏は近世国家（江戸幕府）がその正当性を失ったからだという。つまり、年貢《ねんぐ》を納めるのと引き替えに国家が治安を守り、仁政を施すはずなのに、それがいよいよ期待できなくなってしまったのだと述べる。

すなわち、江戸幕府の崩壊は、十九世紀における幕府のお膝元である関東における治安の悪化と、それに対応できない幕府が、豪農や村役人などの農民に治安維持を任せようとしたところから始まったというのである。

ともあれ、英敏の内憂を理由とする農兵の取り立ては、ついに文久三年（一八六三）に幕府の認めるところとなった。

こうして組織された農兵を見ると、ほとんど豪農や上層農民とその子弟たちで構成されている。そう、世直し一揆のターゲットになった階層だったわけだ。

傷害、強姦、窃盗を禁じた「武州世直し一揆」

もともと農民一揆は集団で領主のところに押しかけて年貢の減免を求めるのが一般的だった。けれども、この世直し一揆は豪農や高利貸、米屋や酒屋など、同じ村で暮らす富者をターゲットとし、激しい屋敷の打ちこわしを実施したところに大きな特徴があるといえる。

ただし、武力を封印するという、これまでの農民一揆のルールは逸脱していなかった。武州世直し一揆でも参加者に対して刀、弓、槍《やり》、鉄砲などの武器の携帯と使用を厳禁している。許した得物《えもの》は農具や工具など、家や家財などを徹底的に破壊するための道具だけであった。

また、打ちこわしにあたって、人を傷つけたり、女性を強姦《ごうかん》したり、窃盗行為も固く禁じられた。

つまり、単純な秩序なき暴動や利欲による略奪行為ではなく、人びとの正義や信念に根差した破壊活動だったのである。

帝京《ていきょう》大学文学部教授の大舘右喜《おおだちうき》氏は、「こうした破却は施金施米にも応じない豪農に、悪徳者としての烙印《らくいん》を押し、かれらのもつ富の偏在を均《なら》すためであった。蓄財を破壊によって無にいたらしめ、世直し勢と同じ社会層に、悪徳な富者を均すことが必要であった」[9]と解説する。

村内における富者の存在を認めず、人びとを均すという考え方は、なんだか西欧の社会主義思想にも通じるように思える。

森安彦氏は、世直し一揆は小前貧農層の豪農層に対する階級闘争であると規定しており、村の豪農支配をどう解体させ、みずからを解放させるかというところに目標があったと主張する。

ただ、これまで蓄積した財産や土地を奪われるのは、豪農にとっては絶対に認められるものではない。貧農たちは自堕落《じだらく》な生活を送り、下手《へた》くそな農業経営で失敗し、博打に手を出した。だから転落したのだ、貧しさは自己責任であるという意識が強かった。

そのため、江川太郎左衛門英敏から武州世直し一揆の出撃命令が下されると、富農で構成された農兵は積極的にその鎮圧にあたった。

たとえば、日野《ひの》宿（東京都日野市）の名主佐藤彦五郎《さとうひこごろう》は、農兵を連れて鎮圧に乗り出している。その日記を見ると、一揆が発生した翌日（六月十四日）、じつは日野の農兵はその鎮圧ではなく、大坂への出陣を打診されていた。数日前、ついに旧幕府軍と長州軍の戦いが開始されたからである。

ところが、翌十五日に武州世直し一揆が強大化したことがわかり、彦五郎は幕府の命令により、農兵二十四名を引き連れて八王子《はちおうじ》宿に出向いている。ところが、打ちこわし勢一万人が所沢《ところざわ》方面から三ヶ島《みかじま》村（埼玉県所沢市）に押し寄せてくるという風聞が起こり、とても勝ち目がないので、いったん撤退命令を受け、その後で砂川《すながわ》村（東京都立川《たちかわ》市）方面に出陣している。

翌日には多数の一揆勢が拝島《はいじま》村（東京都昭島《あきしま》市）に乱入したという知らせが届き、彦五郎は農兵を率いてそちらに向かうが、すでに彼らは中神《なかがみ》村（同前）に入り込んで豪農久次郎宅を破壊していた。そこで日野の農兵隊は早鐘を打ち鳴らして人数を集め、渡船場を固め、築地川原《ついじかわら》（同前）に出陣して以後二日間にわたって追討にあたり、十八日に日野に戻っている。

同じく各地の農兵たちも高い戦意を維持し、多摩川《たまがわ》を渡ろうとした一揆勢に容赦なく銃を放ち、小舟に乗って斬り込みを決行するなど、同じ農民であり、武器を持たない一揆勢に対して、なんら容赦を見せなかった。

こうして、六月十三日に発生した武州世直し一揆は、十六日での多摩川一帯における農兵の猛攻、十八日の新町宿《しんまち》（群馬県高崎市）や本庄宿《ほんじょう》での攻撃により、あっけなく壊滅したのである。

森安彦氏によれば、目覚ましい農兵の活躍ぶりを見て、幕府や諸藩でいっせいに農兵の取り立てが開始されたという。

なお、戊辰《ぼしん》戦争では、こうして成立した農兵隊が各地で戦いに駆り立てられている。前の佐藤彦五郎の農兵隊も同様であった。

慶応四年（一八六八）正月、鳥羽《とば》・伏見《ふしみ》の戦いが勃発し、旧幕府軍は薩長を中心とする新政府軍にあっけなく敗れ去った。前将軍の徳川慶喜《とくがわよしのぶ》は家臣たちを見捨てて大坂から江戸へと逃げ戻り、新政府はそんな慶喜を朝敵として東征軍《とうせい》を組織して関東へと迫ってきた。

◆◆◆ 江戸に戻ってきた新選組に与えられたミッション

京都で志士たちを震え上がらせた新選組《しんせんぐみ》も江戸に戻ってきた。

慶喜は朝廷に恭順するとして上野寛永寺《うえのかんえいじ》にこもり、勝海舟《かつかいしゅう》らに新政府軍との交渉を一任した。勝は江戸城の開城を条件に新政府の東征軍の江戸総攻撃を中止させようと考えた。

そうしたなか、新選組という主戦派の武闘集団は目障りであった。このころ、新選組は鍛冶橋《かじばし》（東京都千代田区《ちよだ》）の秋月右京亮《あきづきうきょうのすけ》の屋敷を屯所《とんしょ》とし、上野寛永寺の警備を担当していた。そこで勝は局長の近藤勇《こんどういさみ》に甲府《こうふ》城の接収を依頼した。甲府城はいざ江戸城が陥落した際に将軍の拠《よ》る最後の城とされており、「新政府方に占拠される前に接収したい」と述べ、成功の暁には甲斐《かい》周辺で百万石を与えると約束したと伝えられる。

近藤がこれを了承したので、勝は兵力の不足を補うため、浅草弾左衛門《あさくさだんざえもん》の部下百名をつけて新選組を甲府に向かわせた。このとき、新選組は名を甲陽鎮撫隊《こうようちんぶたい》と改めた。近藤も大久保大和《おおくぼやまと》と改名し、幕府から若年寄《わかどしより》格に任じられたとする。若年寄といえば、譜代《ふだい》大名が就任する役職で、老中《ろうじゅう》の補佐役だ。すでに幕府は形式として存在せず、役職には実態がともなわないものの、さすがに多摩《たま》の豪農だった近藤が就く職としては破格だった。このとき、土方歳三《ひじかたとしぞう》も名を内藤隼人《ないとうはやと》と改めて寄合席《よりあいせき》格となっている。三千石以上の旗本の職だ。

――三月一日、甲陽鎮撫隊は甲府城に向けて江戸を出立《しゅったつ》した。

近藤は徳川家の三ツ葉葵《みつばあおい》の入った黒羽織《くろばおり》に白鼻緒《しらはなお》の草履《ぞうり》を履き、長棒引戸《ながぼうひきど》の駕籠《かご》に乗り、下母沢寛《しもざわかん》の『新選組始末記』[10]によれば、一日目は内藤新宿《ないとうしんじゅく》（東京都新宿《しんじゅく》区）で遊女屋すべてを借り切って隊士の宿舎にあて、そのあとも毎夜どんちゃん騒ぎをしながら泊を重ねたとする。

途中、日野宿の佐藤彦五郎邸にも寄った。じつは、彦五郎は土方歳三の義理の兄であり、若いころの土方はこの屋敷に入り浸っていた。彦五郎はまた、近藤が主宰する天然理心流《てんねんりしんりゅう》を学んでおり、日野には近藤に剣を習った門弟が多い。だから、近藤と土方に一目会いたいと、多摩の人びとが佐藤彦五郎邸に殺到し、たちまち座敷は埋め尽くされてしまったという。

近藤は得意そうに五年間の京都での活躍を熱く語ったといわれる。

「虎徹《こてつ》(刀の名)で敵を斬りまくり、刀は刃こぼれしたが、名刀ゆえ、するりと鞘《さや》に収まったよ」[10]

などといって、池田屋《いけだや》事件でのひとこまを朗々と語りながら若者にその刀を持たせるなど、まことに上機嫌だった。これに対して、土方については、

「土方は私共とは親類であります。なかなかいい男振りでしたがどうも少し見識ばったところがあって、考え深い為か、余り笑顔もしなかったので、甲州行に立寄った際も、同門の門弟などの印象は、近藤のようには行きませんでした」[10]

と彦五郎が述べている。

彦五郎は身の危険を承知で甲陽鎮撫隊の後援を買って出て、春日隊《かすがたい》と称する多摩の農兵隊を組織し、大月《おおつき》まで出兵して甲陽鎮撫隊の兵糧《ひょうろう》を担当した。

甲陽鎮撫隊はそれから八王子を過ぎ、出立から四日後の三月四日に甲州勝沼《こうしゅうかつぬま》（山梨県甲州市）に入った。ここで土佐《とさ》藩の板垣退助《いたがきたいすけ》率いる新政府軍が前日に甲府城を占拠したことを知った。

すでに時遅しだった。

敵の総数が甲陽鎮撫隊の十倍を超える三千人だったこともあって、続々と味方の脱走が始まり、勝沼の柏尾《かしお》に到着するころには百二十名にまで減少していた。近藤は柏尾の大善寺《だいぜんじ》一帯に陣を敷き、付近の高台に大砲を据え、近隣の農民を駆り出して、各所に大きな篝火《かがりび》を焚いて敵の攻撃に備えたが、六日に敵の攻撃を受けてあっけなく甲陽鎮撫隊は壊乱した。この報に接し、彦五郎ら農兵たちも日野宿に逃げ戻った。

その後、近藤は下総国《しもうさ》流山《ながれやま》で新政府方に身柄を拘束され、近藤勇であることが露見すると、板橋《いたばし》宿で処刑された。一方、土方は四月に主戦派の人びとと下総国国府台《こうのだい》（千葉《ちば》県市川《いちかわ》市）に集結し、二手に分かれて日光東照宮《にっこうとうしょうぐう》を目指し、途中、新政府方の諸藩と戦闘を繰り返した。こうして関東北部が騒乱状態になると、再び武州で大規模な世直し一揆が発生したのである。

譜代大名の軍勢に次々と鎮圧される一揆

武蔵国羽生《はにゅう》に置かれた忍藩《おし》（現在の埼玉県行田市《ぎょうだ》にあった藩）の陣屋が新政府軍によって焼き討ちされた。これを機に武蔵国の北部で農民たちが続々と蜂起し始めた。

『古河市史《こが》　通史編』によれば、古河藩領でもさかんに農民たちが夜になると集会を開き、不穏な動きを示し始めたという。危険を察知した藩の役人たちが各農村を巡回して事態を鎮めようとしたが、四月十日、とうとう下野国《しもつけ》都賀郡《つが》戸恒村《とづね》や兵庫新田村《ひょうごしんでん》（ともに現栃木《とちぎ》市大平町《おおひら》伯仲《はくちゅう》）に近村から二百名ほどの農民が乱入、これを機に古河藩領各地で打ちこわしが発生した。

このとき、古河藩佐野《さの》領の只木村《ただき》（現栃木市藤岡町《ふじおか》甲《こう》）の大庄屋《しょうや》大橋治助や茂呂村《もろ》（現栃木市岩舟町静《いわふね》《しずか》）の大庄屋小林弥一郎の屋敷が破壊された。ただ、下津原村《しもつばら》（現栃木市岩舟町下津原）の豪農藤沢家はからくも打ちこわしを免れた。それは、すべての借金証文と質物《しちもつ》を返還し、米穀を貧窮者のために提供する約束をしたからである。この証文は現存し、興味深いことに「世直し大明神《だいみょうじん》」宛になっている。

いずれせよ、今回も一揆勢のターゲットは村役人や豪農であり、貧農が「平らかに均す」ことを求めたものであることがわかる。

この一揆はその後、さらに駒場村《こまば》（現栃木市岩舟町静）に向かおうとしたため、この地域に領地を持つ彦根藩《ひこね》佐野《さの》陣屋と佐倉藩《さくら》からの攻撃を受けて崩壊した。

だが、古河藩の世直し一揆はこれで終わらなかった。

旧幕府脱走軍が二手に分かれて日光東照宮を目指して北関東に進出し、新政府軍と下野国小山《おやま》や宇都宮《うつのみや》で争うようになると、時を同じくして四月二十日前後から中郷《なかごう》地域（栃木県真岡《もおか》市）での打ちこわしが激しさを増していった。このため、古河藩は四月二十五日に兵を出撃させ、大川島《おおかわしま》村、小袋《こぶくろ》村、鏡《かがみ》村、網戸《あじと》村（以上、現小山《おやま》市）、上高島《かみたかしま》村、下高島《しもたかしま》村（ともに現栃木市大平町）などの一揆を鎮め、関係者を次々に逮捕して古河に連行したのだった。これにより、古河領における世直し一揆はほぼ鎮静化した。

『古河市史』はこうした一揆について、打ちこわしは豪農への「制裁というだけでなく、それを通じて新しい社会の理想をえがくようになった。これが世直しである。世直しは古い秩序が崩壊し、貧富が平均された豊穣な世が出現するという農民の願望であった」と評している。

つまり、貧しい農村の人びとは薩長を中心とする新政府が戊辰戦争で日本を平定していくなかで「貧富が平均された」すばらしい世の中が到来することを期待して、ともに立ち上がっていったというのである。

東洋大学文学部教授の白川部達夫《しらかわべたつお》氏の研究[11]によれば、武蔵国比企郡伊古村《ひきぐんいこ》(現埼玉県滑川町《なめがわ》)で一揆勢に対して「なぜ、このような乱暴をするのか」と聞いたところ、彼らは「此度《こたび》世の中平均」だからと答えたと紹介している。さらに武蔵国横見郡《よこみ》(現埼玉県吉見《よしみ》町)では「世界平均」という旗のもとに結集するようにとの回状が発せられたという。一揆のリーダーたちには世の中を平均にしようとする明確な意識があったことがわかる。

平均というのは、土地を含めたすべての財産を均等にすること。まさに西欧の社会主義的な思想に近いものがあるといえる。

白川部氏は慶応四年(一八六八)の会津《あいづ》地方では会津藩の降伏を背景に検地帳などの税負担の台帳を破棄して年貢の取り立てを不可能にしたうえで、村役人や豪農などに質地の取り戻しや所有地の再分配を求めたことを紹介し、これを「土地革命的な様相を呈した」と許している。なお、その要求はさらに越後《えちご》にも波及していき、実際、会津では土地平均が実施されたことが確認できるそうだ。

ただ、先述のとおり、豪農にとっては貯めた財産や集積した土地を放出することは、とてもできない相談だった。だから、世直し一揆が猛威を振るうなかでも、隙をついて抵抗を試みようとした。たとえば、下野国都賀郡下国府塚村《しもこうづか》（現小山市）――この村は旗本知行地であったが、やはり世直し一揆勢が名主のもとにやってきて、三百両の金銭と米百俵の供出を迫った。しかし、名主は一揆勢のリーダーたちが内輪もめをしているのを知り、近隣各村から二百名ほどを集め、彼らが集まっている御殿山《ごてんやま》を襲撃して一揆勢を駆逐したという。

◆◆◆――自由民権運動の中心となった元農兵たち

貧富が均された豊穣《ほうじょう》な世の出現を願った世直し一揆勢の後押しもあって、新政府は明治二年（一八六九）五月に日本全土を統一した。

だが、半プロレタリアート層や小前貧農層が期待した世の中は到来しなかった。

新政府の民政方針は旧幕府とまったく異ならず、五榜《ごぼう》の掲示を高札《こうさつ》に掲げ、強圧的に人びとを統治しようとした。その条文には「何事によらず、よろしからざる事に、大勢申し合わせ候を徒党ととなえ、徒党して強いて願い事企てるを強訴《ごうそ》といい」、そうした強訴は

「堅く御法度《ごはっと》たり」と厳禁した。世直し一揆は幕府同様、厳罰の対象にされてしまったのである。

一方、経済的に実力を持った豪農たちは幕末から戊辰戦争にかけて農兵として活躍することで、自分たちこそが為政者たるべきという意識が生まれた。そして、数年後に士族の運動から始まった自由民権運動の中心となり、国会開設を求めるようになった。そして、国会が開設されると、豪農たちは自由党や立憲政友会などの中核となり、国会議員として国政に参画するようになっていくのである。

異説4

幕府を倒さなくても明治維新は実現していた!?

じつは幕末の京都に幕府とは別の政権があった

私たちは戊辰《ぼしん》戦争で日本を統一した新政府が日本の近代化を達成したことを知っている。けれども、江戸《えど》幕府がもしそのまま存在していたとしても、おそらく歴史の流れはそれほど大きく変わらなかったはずだ。

これを聞いて意外に思う読者が多いかもしれない。

では、江戸幕府は滅亡しなかったとして、どうやって日本を近代化させたのだろうか。また、その可能性があったなら、どうして幕府は滅びることになったのだろうか。そのあたりのことを、くわしく語ろうと思う。

近年、幕末の京都には江戸の幕府とは別個の政権が成立していたという考え方が主流になりつつある。それが一会桑《いちかいそう》政権である。

――文久《ぶんきゅう》三年(一八六三)八月十八日、会津《あいづ》藩、薩摩《さつま》藩などの公武合体派は急進派公家《くげ》と長州《ちょうしゅう》藩士を中心とする尊攘《そんじょう》派を朝廷から排除した。これに激怒した長州藩は翌元治《げんじ》元年(一八六四)七月、大挙して京都に乱入したものの、敗北を喫して敗走した(禁門《きんもん》の変)。

これより前の元治元年三月、将軍後見職であった一橋慶喜《ひとつばしよしのぶ》は孝明《こうめい》天皇に大いに信頼され、禁裏守衛総督《きんりしゅえいそうとく》に就任している。これは御所を警固する役職だが、徳川《とくがわ》一族でありながら朝廷の重臣的な立場となったわけだ。とくに禁門の変以後の慶喜は京都守護職《しゅごしょく》の松平容保《まつだいらかたもり》(会津藩主)や京都所司代《しょしだい》の松平定敬《さだあき》(桑名《くわな》藩主)と連携し、たびたび江戸の幕府とは異なる政治行動をとるようになった。ときには対立することもあった。

これが、いわゆる一会桑政権である。

こうした状況を危惧した江戸の幕閣は慶応《けいおう》元年(一八六五)二月、老中の阿部正外《あべまさと》と本庄宗秀《ほんじょうむねひで》に軍勢をつけて上方《かみがた》に差し向け、将軍家茂《いえもち》の命だとして、慶喜に江戸への帰還を命じた。

しかし、慶喜はこれを拒絶し、朝廷の有力公家たちに裏から手を回した。そのため、阿部と本庄は関白《かんぱく》の二条斉敬《にじょうなりゆき》に呼び出され、二人が参内《さんだい》すると、

「慶喜公は将軍に代わって朝廷を守護しているのに、召還するのは認められない。しかも、事前の通告もなしに大軍を連れて都に上ってくるとは無礼ではないか」

と叱責《しっせき》されたのだ。阿部と本庄はなすすべもなく江戸に引き返すことになったのだが、一橋慶喜はこのように、天皇の権威をバックに幕府に対抗できる力を有するようになっていたのだ。

それから三カ月後の五月、将軍家茂《いえもち》が第二次長州征討の指揮をとるために大坂城《おおさかじょう》に入ったが、九月になると、イギリスのハリー・パークスを中心とした四カ国（英仏蘭米）の公使たちが艦隊を率いて兵庫に入港し、通商条約（安政《あんせい》の五カ国条約）で文久三年（一八六三）に開くと約束した兵庫開港の勅許をすぐに朝廷が出すよう幕府に求めてきたのである。しかも、もし天皇が承諾しないなら、自分たちが京都に行って直談判《じかだんぱん》するというではないか――。

そんなことになれば幕府の威信にかかわるので、老中《ろうじゅう》の阿部と松前崇広《まつまえたかひろ》は将軍家茂の承認を得て独断で兵庫開港を決めてしまった。

大坂に来た慶喜はこの事実を知り、「そんなことをしたら、孝明天皇の心証を悪くし、幕朝間に亀裂が入って大混乱となる。まずは朝廷を説得して勅許をもらうべきだ」と独断の取り消しを求めた。しかし、阿部と松前は時間がないのを理由に決定を変えようとせず、長時間の激論となった。結局、若年寄《わかどしより》の立花種恭《たちばなたねゆき》が十日間の猶予を公使たちからとりつけ、その間に家茂が上洛して天皇に勅許を仰ぐことに決まり、予備交渉のため、慶喜はただちに京都に向かった。

ところが、慶喜が去ると幕閣の空気が変わり、将軍はなかなか上洛しようとしない。これに激怒した慶喜は朝廷に政治工作をして「阿部と松前の老中職を罷免せよ」という朝旨《ちょうし》を将軍家茂に出させたのだ。

幕府の人事に朝廷が口を挟むのは前代未聞のことであり、怒った家茂は、なんと次期将軍に慶喜を推薦する書状を添えて朝廷に将軍辞職願を提出し、江戸に戻り始めたのである。

慶喜はこれを知って仰天し、伏見《ふしみ》で家茂に追いつくや、「必ず自分が勅許をとってくるから、辞職は思いとどまってほしい」と謝罪して和解した。結果、兵庫開港の承諾を得られなかったものの、慶喜は公家らを脅したりすかしたりして日米修好通商条約の勅許をとることに成功したのである。これにより、慶喜の名声はますます高まった。

◆◆◆——徳川慶喜が将軍就任を渋った理由

翌慶応二年（一八六六）七月、第二次長州征討で幕府の征討軍が敗北を続けるなか、大坂城で将軍家茂が二十一歳の若さで死去した。死因はビタミンBが極度に不足することで発症する脚気衝心《かっけしょうしん》だった。ただ、生前に家茂が将軍後継者を選定していなかったので、しばらくその死は秘匿された。

いうまでもなく、次期将軍の第一候補は政治力に卓越した一橋慶喜であった。しかし、江戸の保守派老中たちや、篤姫《あつひめ》や和宮《かずのみや》など大奥《おおおく》は慶喜を快く思っていなかった。それもあって、慶喜のもとには将軍を継ぐようすすめる人びとが訪れたが、本人は、「予《よ》は大奥諸有司《しょゆうし》などに対し大いに懸念するところありて、予が相続して折り合うや否やということをばいたく憂慮したり」[12]とか、「野心にてもあるかの如《ごと》く世上《せじょう》に伝へられたるは如何《いか》にも心苦しき次第なるに（略）此事《このこと》（将軍職継承）は断じて受け難し」[13]といって将軍になることを固辞し続けたのである。

ただ、越前《えちぜん》藩主の松平春嶽《まつだいらしゅんがく》は、慶喜という人は「諺《ことわざ》にいふねぢあげの酒飲なれば、十分ねぢあげられし上、御請《おうけ》になるなり」[13]と述べている。

ねじ上げの酒飲みとは、宴会などで「もう結構」と猪口《ちょこ》を上げて酒を断りながら、最後は「それほどすすめるなら」としぶしぶ酌を受けるふりをして飲み干してしまう酒好きのこと。つまり、慶喜がいやがっているのはポーズであり、本当は将軍になりたいのだから、そのうち引き受けるだろうと揶揄《やゆ》したわけだ。

実際、慶喜は将軍を拝命するので、春嶽の予測はまんまと的中したことになる。

ただ、慶喜は実際にかなり悩んでいたようで、側近の原市之進《はらいちのしん》と密談を繰り返していた。

市之進は水戸《みと》藩士の次男で、本来なら無役《むやく》のまま世を終えるはずだったが、若いころから逸材のうわさが高く、藩主の徳川斉昭《とくがわなりあき》(慶喜の実父)に抜擢《ばってき》された。安政《あんせい》二年(一八五五)には弘道館《こうどうかん》(水戸藩の藩校)舎長となり、翌年には水戸城下に菁莪塾《せいがじゅく》を開いた。当時としては経済に力点を置いためずらしい教育をしたので人気を博し、門弟は五百人もいたとされ、「その盛んなること近古比なし」[13]と謳《うた》われた。その後、弘道館訓導《くんどう》、歩行士(徒士《かち》)、小十人組《こじゅうにんぐみ》、定江戸奥右筆《おくゆうひつ》と進み、馬廻役《うままわりやく》に取り立てられた。

当初は過激な尊攘派として活躍するが、文久二年(一八六二)十二月に運命が変わる。江戸で水戸藩主の徳川慶篤《よしあつ》(斉昭の子)に面会したとき、実弟の慶喜も同席していたのだ。

慶喜はいたく市之進のことを気に入り、翌年、藩主に従って上京した際、市之進はそのまま京都にとどまり、翌元治元年(一八六四)に慶喜が禁裏守衛総督に就くと、正式に一橋家の家臣に取り立てられた。

「爾後《じご》、帷幄《いあく》に参じて機密にあずかり、献替《けんたい》するところ多し」[13]

とあるように、これ以後、慶喜の参謀となり、つねに近侍して機密に与《あずか》り、さまざまな献策をおこなったという。そんなことから、慶喜の政治力の増大は、この市之進の功績が大きいといわれている。

慶喜は自分が将軍候補になると、「徳川の家をいままでのごとく持ち伝えんことは、はなはだ覚束《おぼつか》なし」「この際、幕府を廃して王政を復古せんと思うが如何《いか》に」[13]と市之進に相談したという。

慶喜も馬鹿ではない。幕府が戦いで長州一藩に敗れつつあり、これによって倒幕派が勢いづいて、政権の崩壊が時間の問題であることは認識していたはず。ならば、いっそ政権を返したらどうかと思ったようだ。

これに対して、市之進は「いかにも遠大なる慮《おもんぱかり》にはあれど、この事、ゆめゆめ他人に語らせ給《たも》うべからず」[13]と厳重に慶喜に口止めし、別の妙案を提示した。

徳川宗家と将軍の相続を二つに切り離し、まずは徳川宗家だけを相続するよう慶喜にすすめたのだ。徳川家は強大なので、その当主は日本の覇者を意味し、仮に慶喜が将軍にならずに朝廷に政権を返還したとしても、新たに成立する朝廷の新政府は徳川の存在を無視できない。つまり、慶喜が新政権のリーダーになるのは確実だった。

こうして、慶喜は慶応二年（一八六六）八月、徳川家だけを継ぐことにしたのである。市之進もただちに幕臣に取り立てられ、目付《めつけ》（重職）に抜擢された。

結局、老中の板倉勝静《いたくらかつきよ》らの周旋もあって、幕府内では慶喜が将軍になるのを容認する空気が醸成されていった。

そこで、慶喜は将軍就任を決意するが、それにあたって劇的な場面を思い描いた。「大討《おおうち》込《こみ》」と称して、みずから幕府軍を率いて長州領に攻め込み、毛利《もうり》を屈服させたうえで将軍職を拝命しようというのである。ところが、出発の前日、幕府征討軍の根拠地小倉《こくら》城（福岡県北九州《きたきゅうしゅう》市）が長州軍に落とされ、指揮官の小笠原長行《おがさわらながみち》が逃亡したという知らせが届いた。すると、たちまち慶喜の意気は萎《な》え、大討込はあっさり中止されたのだった。

将軍就任のために外堀を埋めていく慶喜

慶喜は今度は朝廷の権威を利用して将軍に就こうと、市之進に政治工作を命じた。

薩摩藩の急進派である大久保利通《おおくぼとしみち》はそれを阻もうとするが、市之進のほうが一枚上手《うわて》で、朝廷による諸侯会議を慶喜が主催することを公家たちに同意させ、さらに除服《じょぶく》（将軍家茂の喪明け）参内の折、慶喜は将軍同様の待遇を受けることができた。

また、市之進は連日のように諸大名のもとに遊説《ゆうぜい》に出かけ、結果、「徳川慶喜公をぜひ将軍にしてほしい」という多数の嘆願書が朝廷に提出されるようになった。

ここにおいて、孝明天皇は「徳川中納言《ちゅうなごん》（慶喜）へ（将軍）宣下《せんげ》あるべしと思うなり。たとえ（慶喜が）固辞すとも、この度は是非お請けいたすべしとの内意を伝宣《でんせん》せよ」[13]と述べるにいたったのである。この内意に応じるかたちで慶喜は将軍職を受諾し、十二月五日に将軍宣下がおこなわれ、十五代将軍となったのである。

ところが、である。わずか二十日後、孝明天皇が突然崩御《ほうぎょ》する。天然痘《てんねんとう》に侵されたためだとするが、一説には倒幕派による毒殺説もある。ともあれ、孝明天皇は変わらない慶喜の支援者であったから、これは慶喜にとっては大きな痛手であった。

しかも、新将軍慶喜の前途には兵庫開港というきわめて困難な国際問題が待ち受けていた。京都に近いという理由で孝明天皇は兵庫の開港を認めなかったが、慶喜が将軍になると、列強公使はたびたび即時開港を要求するようになったのだ。

じつは、慶喜は将軍になると、すさまじい外交攻勢をかけている。

東京大学名誉教授の宮地正人《みやちまさと》氏の研究［14］によれば、初の駐外公使として外国奉行の向山《むこうやま》隼人正《はやとのしょう》をフランスに駐在させ、日本の支配者が将軍であることをヨーロッパ諸国に理解させ、フランスから六百万ドルの借款を成立させようとしたり、外国総奉行の塚原但馬守《つかはらたじまのかみ》をイギリスに派遣しようとしたりした。さらに、朝鮮がアメリカの船を焼き討ちしたり、フランス人宣教師を殺害したりしたことで、朝鮮とアメリカ・フランスとの関係が悪化すると、慶喜は慶応三年（一八六七）二月に外国奉行平山図書頭《ひらやまずしょのかみ》を朝鮮に派遣して仲介に乗り出そうとしたのだった。

兵庫開港についても、慶喜は同年三月に二度も朝廷に勅許を奏請《そうせい》するが、大久保らの妨害で許可が下りなかった。大久保は勅許も得られない幕府の腑甲斐《ふがい》なさを内外に知らしめ、列強や諸大名を幕府から離間させ、場合によっては倒してしまおうと目論《もくろ》んでいたのだ。

だから、逆に、慶喜が勅許獲得に成功すれば、間違いなく列強の幕府に対する信頼は深まり、その威信は高まることになるわけだ。

そこで、市之進の献策により、慶喜は将軍謁見《えっけん》の儀と称し、三月と四月に四カ国（英仏米蘭）公使を大坂に招き、その席上で兵庫開港を確約したのである。

公使たちは驚き、喜び、慶喜の勇断を称え、幕府の信頼は回復した。

しかし、薩摩藩は勅許もないのに勝手に約束したと抗議し、慶喜の責任を追及して将軍を辞任させようと動いた。また、この問題より第二次長州征討後の長州藩の宥免《ゆうめん》措置を優先すべきで、兵庫の開港については幕府と諸藩との話し合いのうえで決めるべきだと主張した。

もし薩摩のいうとおりにすると、「政治的主権者としての将軍の地位への疑念を確定してしまうことになる」[14]。

だから、慶喜はこれを拒否したのである。

なお、朝廷が兵庫開港の可否について二十五藩に問うたところ、過半が慶喜の意見に賛同したのである。じつはこれ、市之進が諸大名に周旋した成果だとされる。

こうして五月二十三日に朝議が開かれた結果、ついに翌日、開港の勅許が出たのだった。

このように、一会桑政権は江戸の幕府権力を吸収して急激に強大化し、倒幕派の薩長《さっちょう》に大いなる脅威を与え始めたのである。

ただ、薩摩藩と兵庫開港問題で激しく対立したことは、幕府と薩摩藩との決裂を決定的なものとしたのだった。

明治政府以上に近代的だった末期の幕府組織

倒幕派で長州藩のリーダー木戸孝允《きどたかよし》は、そうした慶喜を「家康《いえやす》の再来」だといって、大いに恐れたという。とくに倒幕派が警戒したのが、慶喜が始めた幕政改革(慶応改革)であった。

慶喜は徳川家を継ぐ条件として幕政改革の断行を挙げ、これを周囲の者たちに同意させ、家督を相続すると、八カ条の政治方針を老中たちに示し、猛然と改革を始めたのだ。

驚くべきは、慶応二年(一八六六)十月、すべての旗本《はたもと》を遊撃隊《ゆうげきたい》と称する銃隊に編成したことである。さらに、翌年九月に幕臣に対して知行高《ちぎょうだか》のうち半分を金銭として供出させ、その金銭で傭兵を雇って、一万数千人の近代的歩兵軍をたちまち創出したのだ。

とくに後者の改革については、「このラディカルな軍制改革の行き着く先は、旗本の軍役負担を完全に免除し(封建軍制の廃止!)、かわって知行高の半高を軍役金として上納させようとする慶応三年九月の極めて大胆な幕令発布であった」[14]と歴史的にも高く評価されている。

しかも、この歩兵軍(伝習隊《でんしゅうたい》)を強化するため、シャルル・シャノワンヌ大尉らフランス人士官を軍事顧問団として招聘《しょうへい》し、一年近くにわたって徹底的な訓練を施したのである。

なお、伝習隊の主力は江戸無血開城後、歩兵奉行の大鳥圭介《おおとりけいすけ》に率いられて江戸から脱走し、北関東から東北、さらには箱館《はこだて》へと渡って戦い抜き、その強さを存分に見せたあと、明治二年（一八六九）に五稜郭《ごりょうかく》が陥落したことで武装解除している。

軍事顧問団はフランス公使レオン・ロッシュが派遣してくれたものだった。

この時期の幕府は、フランスとの親密度を深めていた。公使のロッシュは本国の外務大臣の意向を受け、薩長倒幕派を支援するイギリス公使ハリー・パークスに対抗して公然と幕府の援助に乗り出し、日本進出を図ろうとしていたのである。

すでに慶応元年（一八六五）には保守派の小栗上野介《おぐりこうずけのすけ》が中心となり、フランスの技師や教師を招いて横須賀《よこすか》造船所や横浜仏語伝習所が開設されたが、その流れを受けて、慶喜もフランス公使ロッシュを頼りにしながら、幕政改革を進めていったのだ。

さらに驚くべきは、慶喜が断行した政治組織の改編である。

二百年以上前から、幕府は老中を中心とした重臣たちの合議制で政治を運営してきたが、これを大きく変えたのである。

将軍である慶喜を政治の頂点とし、老中首座《しゅざ》に板倉勝静を抜擢して現代の官房長官のように政治を補佐させ、さらに国内事務総裁、外国事務総裁、会計総裁、海軍総裁、陸軍総裁を置くなどして、これまた現在の省庁の国務大臣のような老中の分掌システムを導入したのである。さらに、譜代《ふだい》にかぎられていた老中職に有能な旗本を就けるなど、積極的な人材の登用をおこなった。

のちに明治政府は太政官《だじょうかん》制度という表面上は古くさい制度をとったが、これよりずっと近代的だといえるだろう。

そして、フランス政府と六百万ドルの借款契約を結んだといわれている。これは当時としては膨大な借財であるが、この資金的裏づけがあったればこそ、軍事改革や武器、弾薬、艦船などを大量に購入できたのだ。

ロッシュは幕府に対して年貢《ねんぐ》以外からの収入を増やすように勧告。具体的には不動産(固定資産)税、営業税、さらには酒や煙草、茶や生糸《きいと》などに対する物品税の創設を説いた。もし、これが実施されていれば、幕府は年貢を中心とする農本《のうほん》主義から脱却でき、近代国家に脱皮できたはずだ。

さらに、である。大坂の鴻池《こうのいけ》など日本を代表する豪商数名とフランスの巨大資本の提携による交易組織を立ち上げ、この組織に兵庫における貿易を独占させようと計画したといわれる。

ただ、これもロッシュの提案であり、フランス政府が対日貿易の独占を目論んだものであり、一説によれば、フランス政府と借款契約を結んだ際、慶喜は蝦夷地《えぞち》、あるいは九州《きゅうしゅう》をフランスに委ねる約束をしたとも伝えられる。つまり、慶応の改革は近代的統一国家が成立する可能性だけでなく、フランスによる植民地化の危険も招来するものだったことも付け加えておかねばならない。

情勢を急変させた原市之進の死

慶応三年（一八六七）八月十四日の早暁、慶喜は大きな悲劇に見舞われる。強引な政治活動が仇《あだ》となり、市之進が結髪《けっぱつ》中に背後から刺客《しかく》に襲われて殺害されてしまったのだ。しかも、刺客はあろうことか、江戸にいた依田雄太郎《よだゆうたろう》ら幕臣であった。刺客の斬奸状《ざんかんじょう》には兵庫開港の勅許を朝廷に強要したのが許せないとあり、愚昧《ぐまい》な攘夷《じょうい》主義者の犯行といえた。暗殺を示唆したのは幕臣の高橋泥舟《たかはしでいしゅう》や山岡鉄舟《やまおかてっしゅう》だったともいう。

いずれにせよ、右腕を失った将軍慶喜は朝廷での主導権を次第に大久保や西郷隆盛《さいごうたかもり》ら倒幕派に奪われていく。大久保は公家の岩倉具視《いわくらともみ》と結んで薩摩と長州に倒幕の密勅を下し、幕府を武力で倒そうと動き始めた。

こうしたなか、二カ月後に慶喜も大政奉還《たいせいほうかん》（政権の返還）を決意せざるをえなくなったのである。

そういった意味では、幕府にとって市之進の死はまことに大きな損失だった。もし市之進が存命であったなら、ひょっとして、あの時期に大政奉還はされなかったのではないか、そんな想像をしたくなるほど、幕府終末期における市之進の存在は大きいものがあった。凶変を知った越前藩主の松平春獄は「頗《すこぶ》る人材なり、惜しむべし、外藩人の所為《しょい》かと思ひしに、豈図《あにはか》らんや、幕臣の所為なりと、わけて痛歎《つうたん》の至《いたり》なり」[13]と嘆息している。

――慶応三年（一八六七）十月十四日、慶喜は土佐《とさ》藩の山内豊信《やまうちとよしげ》や後藤象二郎《ごとうしょうじろう》の提案を受け入れて大政奉還を決意し、朝廷に申し入れた。

薩長倒幕派は土佐藩からその動きを聞いていたが、まさか本当に慶喜が政権を投げ出すとは思ってもみなかった。

このため、同じ日に倒幕の密勅が下されたが、倒すべき幕府が消滅したことにより、倒幕派は完全に肩すかしを食らったかたちになった。

ただ、慶喜は本気で政治権力を返上しようと考えたわけではない。

突然政権を渡されても、朝廷は政治を担うことはできないという判断があり、「きっと新しく誕生する朝廷新政府の盟主には自分が選ばれるだろう」と確信していたとされる。実際、これより前から大政奉還論は幕府内でも話題になっており、慶喜の側近のなかにも、政権を返上して朝廷の摂政《せっしょう》や関白として慶喜が政治を主導する案が出ていたとされる。

慶喜の目論見《もくろみ》はまんまと当たり、朝廷はこれまでどおり、当面の政治は慶喜が将軍として担い、とくに外交については全面的に任せるといってきたのである。

西周が提案したヨーロッパ並みの新政治体制

こうしたなかで、慶喜は西周《にしあまね》や津田真道《つだまみち》などに新しい政治体制の構想を提出するよう命じたのだった。

西周の「議題草案《ぎだいそうあん》」は、そのうちのひとつである。

西周は文政《ぶんせい》十二年（一八二九）、津和野《つわの》藩医の西時義《ときよし》の嫡男として生まれた。十二歳のときに藩校養老館《ようろうかん》に入学したが、学問のほかに能や狂言なども学び、荻生徂徠《おぎゅうそらい》の古文辞学派の影響を受け、父の跡を継いで世界一の外科医になろうと決意したという。だが、その秀才ぶりを高く評価した藩主の亀井茲監《かめいこれみ》は「家業を継がず、儒学を習得せよ」と命じ、二十一歳で養老館の教師となり、二十五歳のときに養老館の寄宿舎培達塾《ばいたつじゅく》の塾頭に抜擢された。

ただ、この人の態度は悪かった。学生時代に仲間と輪読の時間があったが、いつも服をだらしなく着崩して、しきりにあくびばかりしていたという。ところが、いったん彼が講釈する番になると、その述べるところは誰よりすぐれていたのである。

このように将来を約束された感のあった西周だが、マシュー・ペリーの浦賀《うらが》来航に衝撃を受け、「国学や儒学ではとうてい日本を救えない」という思いにとらわれてオランダ語を学び始めるが、翌安政《あんせい》元年（一八五四）、さらに洋学をきわめたいという思いにとらわれ、暇《いとま》を願う書き置きを残して脱藩してしまうのである。

その後、津和野藩の藩士たちに見つかって捕縛されたが、その熱い思いが通じ、他家に仕えないことを条件に暇を与えられた。

こうして、西周は手塚律蔵《てづかりつぞう》からオランダ語と英語を習得。さらに、ジョン万次郎《まんじろう》に英会話を学んだ。老中の堀田正睦《ほったまさよし》が蕃書調所《ばんしょしらべしょ》（洋学の研究並びに洋書翻訳機関。のちの東京大学の一部）を設置すると、西周は教授手伝並《てつだいなみ》、いまでいえば准教授に登用された。

さらに、洋学を研究するなかで留学したいという思いが芽生え、文久元年（一八六一）、幕府の重臣永井尚志《ながいなおゆき》に強く希望したが、認められなかった。しかし、翌文久二年（一八六二）にアメリカに軍艦を発注することになり、その使節にともなって渡米できることになった。ところが、である。南北戦争の勃発でアメリカ行きは中止となってしまう。しかし、代わって同年、オランダに留学することができたのだった。

足かけ四年間の留学生活で、西周は猛然とフランス語、哲学、法律学、政治学、語学、統計学、心理学を学び、ほとんどこれらを習得し尽くして慶応元年（一八六五）に帰国し、開成所《かいせいじょ》（蕃書調所の後身）に復職した。

だが、すでに幕府は末期状態にあり、慶応三年（一八六七）十月に大政奉還をおこなって消滅する。

この直前に西周は将軍慶喜に呼び出され、列強の政体についてくわしく下問《かもん》された。

そこで、西周は三権分立制度やイギリスやフランスなどの政体をくわしく「議題草案」に綴り、若年寄《わかどしより》で外国総奉行の平山敬忠《ひらやまよしただ》を通じて慶喜に贈呈したのである。

この構想は『西周全集第2巻』[15]に収録されている。編者の大久保利謙《おおくぼとしあき》氏は解説のなかで、「議題草案」について、「恐らく最初の日本憲法草案であり、日本の近代史上貴重な文献である」と高く評価している。

それは、大君《たいくん》と称する宰相が頂点に立って公府（内閣）と議政院（国会）を握る官制になっている。その詳細については田中彰《たなかあきら》氏の著書『集英社版　日本の歴史　開国と討幕』

[16]にくわしい。

同書によると、公府は大坂に置かれ、全国事務府、外国事務府、国益事務府、度支《たくし》事務府、寺社事務府、学校事務府の六府（省）に分かれ、行政権だけでなく司法権も握るシステムになっている。

また、議政院（国会）は上院と下院に分かれ、上院は大名《だいみょう》で構成されるが、下院は各藩主が人望のある人物を選んで議員に任じることにした。

大君は公府のリーダーとして政治を動かすとともに、上院の議長を務め、下院を解散させる権限を有していた。

ただ、諸藩の存在はそのまま認めており、必ずしも欧米のような近代的統一国家を目指した制度とはいえなかった。ちなみに天皇の地位だが、山城国《やましろ》一国を与えられたものの、政治面には強く関与できないようになっており、現代の象徴天皇制と同じような立場に置かれた。

もし、この大君制度が成立していたら、そのまま近代国家に移行したのは間違いないだろう。一説には、慶喜はすべての藩を廃してヨーロッパのような郡県《ぐんけん》制度を成立させ、幕府を中心とする中央集権的な近代的統一国家を目指していたともいわれる。

薩摩藩の挑発に乗ったことで決した幕府の運命

けれども、残念ながら、この構想は完全に潰《つい》えてしまう。

大政奉還後の慶喜の動きを危険視した倒幕派は慶応三年（一八六七）十二月九日、朝廷でクーデターを起こしたのである。

薩摩藩が中心となり、土佐、越前、尾張《おわり》、芸州《げいしゅう》藩の協力を得て王政復古の大号令を発し、徳川家を抜きにした新政府の樹立を宣言した。この宣言では、まだ存続していた幕府のみならず、摂政や関白などの諸職も廃止し、代わりに三職（総裁《そうさい》、議定《ぎじょう》、参与《さんよ》）を新たに置き、先の五藩の藩主や重臣、公家を就任させた。

さらに、その夜、小御所《こごしょ》会議を開き、倒幕派の薩摩藩が土佐藩や越前藩の反対を強引に制して慶喜に対する辞官納地《じかんのうち》（官職辞退と領地の返還）を決定したのである。

徳川家に厳しい処断を下すことで、同家を暴発に導いて武力で倒し、日本を統一しようと目論んだわけだ。

慶喜は倒幕派の狙いを察知し、京都の二条《にじょう》城から大坂城に退いて、その動静を見守った。

そして、今後も自分がこの国を支配するとして、十二月十六日には大坂城に外国の公使たちを招き、自分が統治者であると述べ、内政の不干渉を要求したのだった。

この間、おとなしく政権を返上した慶喜から領地を没収することに対して、諸藩の同情が集まっていった。すると、新政府内で土佐藩や越前藩など公議政体論派が巻き返しを図り、とうとう倒幕派が失脚してしまったのである。

こうして慶喜の復権がなり、さらに新政府は慶喜を盟主として迎え入れることを決定した。つまり、もし何ごとも起こらなければ、慶喜はそのまま国内の政治をとり、彼のもとで近代化や殖産興業が進められ、日本は列強と肩を並べる強国となったはずであった。

だが、そうはならなかった。

この状況に焦った倒幕派の西郷隆盛が江戸の薩摩藩士らに徳川家臣たちを暴発させるよう厳命したからだ。じつは、これより前、西郷は関東や江戸の治安を乱すため、浪人たちを使って悪さをさせていた。それをさらにエスカレートさせた。

浪人たちは悪事を働いたあと、これ見よがしに三田《みた》の薩摩藩邸に引き揚げていった。

このため、江戸の治安を守る庄内《しょうない》藩や一部の幕臣たちが薩摩藩邸の焼き討ちを要求。幕閣の許可を得て、十二月二十五日に実行したのである。

この知らせが大坂城の兵たちに届くと、薩摩を討てと叫び始め、慶喜もこれを抑えることができなくなった。もちろん、慶喜自身も薩長と戦って勝てる自信があったのだろう。

こうして部下の進撃を許した結果、鳥羽《とば》・伏見《ふしみ》で武力衝突にいたり、大敗北を喫してしまったのである。

やがて薩長軍に錦《にしき》の御旗《みはた》（朝廷の官軍を示す印）が与えられ、諸藩も続々と薩長につくと、慶喜は新政府の盟主になるのは不可能と判断して抗戦をあきらめ、敵前逃亡して江戸に逃げ帰り、事後処理は勝海舟《かつかいしゅう》に一任し、ひたすら恭順の態度をとった。

まことにあっけない幕切れであったが、もし江戸の幕臣が暴発しなければ、慶喜、つまり幕府（徳川家）の手によって近代的統一国家が成立していたものと考えていいだろう。

異説5 勝海舟は新政府軍に徹底抗戦するプランも持っていた!?

大坂から江戸に逃亡した徳川慶喜の本音

慶応《けいおう》四年（一八六八）一月六日に鳥羽《とば》・伏見《ふしみ》での敗戦が決定的になってからも、旧幕府軍がそのまま大坂《おおさか》城に籠城し、続々と東から馳《は》せ参ずる兵と合流したなら新政府軍に勝てた可能性が高い。なのに、抗戦するどころか、前将軍徳川慶喜《とくがわよしのぶ》は味方を騙《だま》して敵前逃亡を図ったのである。薩長《さっちょう》側に錦《にしき》の御旗《みはた》がひるがえり、朝敵になることを恐れたのだというが、あまりに姑息《こそく》すぎる行動であった。

本人がそのときの心境や行為を『昔夢会筆記《せきむかいひっき》　徳川慶喜公回想談』[12]で回想しているので、意訳して紹介する。

「大坂城の兵たちは、いずれも血気にはやる者ばかりで、みな異口同音に『少しでも早く御出馬遊ばされよ』とだけ言ってくる。そんなやつらを適当にあしらい、私は腹心で老中の板倉勝静《いたくらかつきよ》と若年寄《わかどしより》の永井尚志《ながいなおゆき》を別室に招き、恭順の真意は漏らさずに、『江戸《えど》に戻ろうと思うが、どうだ』とだけ告げると、二人は口をそろえて『いったん、江戸で態勢を整えたほうがよろしいでしょう』と言うので、いよいよそうしようと決心した。そして、再び大広間に出ていくと、またも主戦派の連中がしきりに出馬を願ってくる。そこで、私は『さらば、これより打ち立つべし。皆々、その用意すべし！』と命じると、一同は喜んで各持ち場に向かっていった。私はその隙に会津《あいづ》藩主の松平容保《まつだいらかたもり》や桑名《くわな》藩主の松平定敬《さだあき》ら四、五人を従え、ひそかに大坂城の裏門から抜け出したのである。このとき、城で警備兵にいろいろ咎《とが》められるだろうと大いに心配していたが、『小姓《こしょう》である』とウソをついたら、ぜんぜん怪しまれずに通過できてしまった。まことに幸運だったよ」

これが一軍の大将の行動なのだから、まったくもって情けなくなる。しかも、大坂城から天保山《てんぽうざん》（大阪市港区《みなと》）に行き、いったん幕府の旗艦開陽丸《かいようまる》が戻ってくるまでアメリカの軍艦に身を隠し、開陽丸がやってくると、艦長（軍艦頭並）の榎本武揚《えのもとたけあき》がいないにもかかわらず、副艦長の沢太郎左衛門《さわたろうざえもん》に厳命して強引に船を出航させ、東へと出航させたのである。艦長の榎本を置き去りにしたのだ。

当時、江戸の浜御殿《はまごてん》（現浜離宮《はまりきゅう》）には幕府の海軍所が設置されていたが、軍艦奉行の勝《かつ》海舟《かいしゅう》は突然、「海軍所の船着き場に来るように」との命令を受けた。

そこで現地に行ってみると、すでに大坂から逃亡してきた慶喜が船着き場から陸に揚がって幕臣たちと焚き火《たび》をしているではないか。海舟は薩長と戦うことに前から反対だったので、そんな姿に腹が立ち、慶喜には挨拶もせず、全体に向かって「なんということだ。だから言ったじゃないか。これから、いったいどうするつもりなんだ」と罵ったという。

けれども、誰ひとりとして海舟に反論しようとせず、青菜のようにしおれてしまったので、海舟は「これほど弱っているのか」と情けなくなり、涙がこぼれそうになったと回想する。

勝海舟は文政《ぶんせい》六年（一八二三）一月三十日、幕臣の小吉《こきち》とのぶの長男として本所亀沢町《ほんじょかめざわ》（現江東区《こうとう》亀沢）に生まれた。勝家は四十俵の微禄《びろく》（薄給）であり、海舟の実父の小吉という人は、少年時代から家出やケンカ、女遊びを繰り返し、そのあまりの行状のひどさに、海舟が生まれるころには男谷家《おだに》（海舟の祖父の家）の人びとに座敷牢《ざしきろう》に閉じ込められていた。こんなふうだったから、生涯幕府の役職にもありつけず、ブラブラしながら浅草《あさくさ》や本所あたりの顔役として揉《も》めごとの仲裁や世話役などをして生涯を終えた。このため、勝家は赤貧状態で、正月に食べる餅も親類からもらわなくてはならないありさまだった。夏に蚊帳《かや》もなく、家の柱を割って薪としたこともあったらしい。

はじめ、海舟は剣術修行に明け暮れて免許皆伝を得るが、のちに蘭学《らんがく》に興味をいだき、永《なが》井青崖《いせいがい》に学んで嘉永《かえい》三年（一八五〇）には蘭学塾を開いた。困窮していたので、蘭和辞書五十八巻を二部書写して、一部を売ってお金に換えたという当時のエピソードもある。やがて、蘭学の知識を生かして西洋式の大砲や鉄砲の製造を始め、マシュー・ペリーが浦賀《うらが》に来航すると、幕府に海防意見書を提出した。

こうした行動が目付海防掛《めつけかいぼうがかり》の大久保一翁《おおくぼいちおう》（忠寛《ただひろ》）の目にとまり、海舟は下田取締掛手付《しもだとりしまりがかりてつけ》に採用された。そして、長崎に海軍伝習所《でんしゅうしょ》が開設されると、その一期生として派遣され、蒸気船の操縦技術を習得する。

万延《まんえん》元年（一八六〇）、日米修好通商条約を批准するため、幕府の役人が渡米するが、この際、海舟は蒸気船の咸臨丸《かんりんまる》を操縦して、日本人として初めて太平洋《たいへいよう》を横断した。

ただ、福沢諭吉《ふくざわゆきち》によれば、海舟は船酔いで、ほとんど艦長室から出てこられず、まったく役に立たなかったという。けれども、諭吉は海舟を嫌っているので、この発言が事実かどうかはわからない。

その後は軍艦奉行並《ぶぎょうなみ》に抜擢《ばってき》されて幕府海軍の中心となり、神戸《こうべ》に海軍操練所《そうれんじょ》をつくって、幕臣や諸藩士のみならず、坂本龍馬《さかもとりょうま》のような浪人も入所させた。このころの海舟は「一大共有の海局」といって幕府や藩の枠組みを超えた、列強諸国に対抗できる強大な日本海軍をつくるのが目標だった。しかし、操練所から池田屋《いけだや》事件の関係者が出てしまい、それをきっかけに操練所は閉鎖され、海舟も禄や役職を剥奪されて江戸に蟄居《ちっきょ》処分となってしまう。のちに復権して第二次長州《ちょうしゅう》征討の後始末をするが、その後、また江戸に引っ込まされてしまった。

巧妙だった勝海舟の新政府軍抑止計画

江戸に逃げ戻った慶喜はその後、朝廷に対して恭順を説く海舟に対し、新政府との交渉を一任したといわれる。

中学校の教科書にも「幕府側の代表として、新政府の代表の西郷隆盛《さいごうたかもり》と会談し、江戸城を無抵抗で開城するかわりに江戸への総攻撃をやめさせ、江戸を戦火から守りました」[17]と紹介されている。

たしかに、結果的にはそうなったが、じつは、そこにいたるまでは、かなりの紆余曲折《うよきょくせつ》があり、なおかつ、江戸城が無血開城されてからも意外な展開が起こっているのである。

本稿では、そうした知られざる海舟の交渉術を紹介したいと思っている。

海舟はどうやら、はじめは恭順派ではなかったようだ。というのは、慶喜が「勝安房守《あわのかみ》」が「予に勧めて、『公もしあくまで戦い給《たま》わんとならば、よろしくまず軍艦を清水《しみず》港に集めて東下の敵兵を扼《やく》し、また一方には薩州《さっしゅう》の桜島《さくらじま》を襲いて、敵の本拠を衝《つ》くの策に出ずべし』」[12]と進言したと回想しているからだ。つまり、「戦う気があるなら、戦いましょうよ」と言ったというのだ。

しかし、そういう慶喜だって、江戸に戻ってきてからは、ひたすら恭順の姿勢でいたかといえば、それはウソだ。とくに最初の一カ月近くはかなり迷いが見える。ただ、江戸に戻ってみると、城内で徹底的な主戦を唱える者たちが激高していたこともあり、こうした過激な動きを危険視した慶喜は、一月十四日に最強の主戦派であった小栗上野介《おぐりこうずけのすけ》を罷免している。

小栗は外国奉行、勘定奉行、陸軍奉行並、海軍奉行並などを歴任し、フランスのレオン・ロッシュ公使と結んで洋式歩兵軍を強化したり、横須賀《よこすか》製鉄所などを建造したりするなど、大変な切れ者であった。小栗は慶喜に対して徹底抗戦を唱え、敵の大軍が箱根《はこね》までやってきたところを幕府陸軍で迎え討ち、さらに後続部隊を駿河《するが》湾からの軍艦による艦砲射撃で足止めし、箱根で孤立させた敵を壊滅すべきだと説いていた。

小栗の失脚から三日後（正月十七日）、海舟は軍艦奉行並から海軍奉行並となり、さらに正月二十三日、陸軍総裁に昇進している。激怒している陸軍の兵士たちを抑えさせようというのが目的であって、これで慶喜が海舟に政権を委ねたと考えてはいけない。それに、このころ（一月十八日）の海舟は、まだ完全な恭順派とはいえないのだ。

この時期の海舟は、新政府に対して「江戸に軍勢を派遣するというのは、万民を塗炭《とたん》の苦しみに突き落とすことになる」と、そのやり方を非難しているからだ。同じく慶喜も、かつて親しくしていた新政府の越前《えちぜん》藩主松平春嶽《まつだいらしゅんがく》や土佐《とさ》藩主山内豊信《やまうちとよしげ》への手紙に「朝敵として追討を受けるのは心外だ」といった不満の文言が見える。つまりは、二人とも場合によっては戦いも辞さないという気持ちを持っていたことがわかる。しかも、慶喜はこの時期、幕府を支援するフランスのロッシュ公使とたびたび会合を持っている。

ただ、一月の後半になると、主戦派の多くが解任されたり、辞職したりし、代わって隠居した大久保一翁《おおくぼいちおう》などの恭順派が幕閣に登用されていくようになる。

決定的だったのは二月五日の朝廷宛ての慶喜の書簡であった。研究者の松浦玲《まつうられい》氏は、その内容について、「鳥羽伏見の衝突が宸襟《しんきん》（天皇の心）を驚かし奉ったことを詫《わ》び、ひたすら謹慎するというもの」[18]であると述べている。この日をもって慶喜が新政府への絶対恭順を決意したのは、多くの研究者の指摘するところである。

以後、海舟や一翁など新幕閣もこの方針でことを進めていくことになった。やはり、敵前逃亡したといっても、慶喜はまだ徳川家の主である。そんな主の意向を完全無視して勝手に行動するのは、さすがの海舟といえどもできなかったのであろう。

ただし、海舟は新政府軍の出方によっては一戦を遂げようと計略を練っていた。

彼の日記によれば、敵の大軍を清見関《きよみがせき》（現静岡市清水区）あたりに引き込み、海から敵軍の側面を攻撃して打撃を与え、それに乗じて幕府陸軍が総攻撃をおこなう。同時に東海道《とうかいどう》沿いの諸大名《だいみょう》に呼びかけて味方につければ、敵の侵攻を防ぐことができると述べる。なおかつ、軍艦三隻を大坂湾に入れ、その後、西国《さいごく》の海路を断ってしまえば、徳川軍が勝つと断言する。このように、いざというときの江戸防衛を考えながら、海舟はいずれ派遣されるであろう新政府軍の進軍を食い止め、徳川家を残す算段を練っていたのである。

――二月九日、新政府は有栖川宮熾仁親王《ありすがわのみやたるひと》を東征《とうせい》大総督に任じ、朝敵の慶喜を征伐すべく、およそ五万の大軍を続々と進発させていった。十四日、この東征軍の参謀に任じられたのが薩摩《さつま》藩の西郷隆盛であった。征討軍の実質的な最高指導者である。

これを知ると、海舟はすぐに西郷に対して手紙を送った。

二人は旧知の間柄であった。知り合ったのは元治《げんじ》元年（一八六四）のことである。同年七月の禁門《きんもん》の変《へん》では、西郷は薩摩軍を指揮して長州軍を破っている。その二カ月後の九月に海舟は西郷と面会したのだ。

もともと相手に関心を持ったのは海舟のほうであった。ただ、うかつに近づくのを避け、まずは同年八月中旬に愛弟子《まなでし》である坂本龍馬を西郷のもとに遣わした。その人物を検分させようとしたのだ。ところが、戻ってきても龍馬は何も言わない。海舟はついにしびれを切らし、ある日、何気なく自分のほうから会談の結果を尋ねた。すると、龍馬は唐突に「西郷は馬鹿」だと言ったのである。続けて龍馬は「成程《なるほど》西郷といふ奴《やつ》は、わからぬ奴だ。少しく叩《たた》けば少しく響き、大きく叩けば大きく響く。もし馬鹿なら大きな馬鹿で、利口なら大きな利口だらう」[19]と告げたのだ。

海舟は龍馬の鑑識眼の鋭さに驚くとともに、ますます西郷に興味をいだき、翌九月十一日、ついに西郷と会談するにいたった。

西郷は身長が一八〇センチ、体重は一一〇キロあったという。現代でも相当に大きな身体といえるが、男子の平均身長が一六〇センチに満たない江戸時代にあっては異様としか言いようのない巨大さだった。残念ながら西郷の写真は残っていないが、多くの人びとの証言によれば、男性的で太い眉、りりしく一文字に引き締まった口元、そして大きくて真ん丸な目を有していたと伝えられる。とくに瞳についてはアーネスト・サトウという幕末のイギリス外交官が「キラキラと輝く黒いダイヤモンドのようだった」と証言している。そんな外見も人望を集めた理由のひとつなのだろう。

このとき、西郷は長州征討の参謀として徹底的に長州藩を叩こうと考えていた。しかし、海舟はそれにには大反対であった。だから、西郷に会うと、いきなり「幕府はもうダメだから、これからは共和政治（雄藩の連合政治）をおこなうべきであり、そのためには、ここで長州をたたくべきではない」と説いたのである。幕府の重臣でありながら幕府を見捨て、平然と持論の共和政治について熱く語る海舟に、西郷は最初から度肝を抜かれてしまう。

西郷は海舟との会談について、盟友の大久保利通《おおくぼとしみち》に宛て、次のように語っている。

「（勝海舟は）実に驚き入り候人物にて、最初は打ち叩くつもりにて差し越し候処《ところ》、とんと頭を下げ申し候。どれだけ智略《ちりゃく》のあるやら知れぬ塩梅《あんばい》に見受け申し候。まず英雄肌合いの人にて、佐久間《さくま》（象山《しょうざん》）より、事のでき候儀は、一層も越え候《そうろ》わん」

そして、最後に「ひどく惚《ほ》れ申し候」と結んでいる。このように、西郷は初対面で海舟という人間の大きさに完全に敬服してしまったのである。

一方、海舟のほうも、「おれは、今までに天下で恐ろしいものを二人見た。それは、横井《よこい》小楠《しょうなん》と西郷南洲《なんしゅう》とだ。（中略）西郷と面会したら、その意見や議論は、むしろおれの方が優《まさ》るほどだツたけれども、いはゆる天下の大事を負担するものは、果して西郷ではあるまいかと、またひそかに恐れたよ」[19]と述べており、やはり西郷の人物を高く評価している。

対徳川強硬派だった西郷隆盛の心が折れた理由

いずれにせよ、江戸に襲来する東征軍のトップに西郷が就いたことは、海舟にとって、それこそ天与の幸福だったといえる。だから、すぐさま海舟は参謀になった西郷に対して手紙を送ったのである。ただし、それは驚くべき大胆な内容が記されていた。といっても、残念ながら、本物は存在しない。大村《おおむら》藩の渡辺清《わたなべきよし》の回想録にそれが紹介されているだけである。渡辺によると、その内容は次のようなものだったという。意訳して紹介する。

「なぜ、慶喜公や徳川家が恭順しているのに兵を派遣するのか。こちらには十二隻の軍艦がある。これを駆使すれば、新政府の大軍を阻止するのはたやすいことである。それをしないのは新政府に恭順しようとしているからだと理解してもらいたい。どうか箱根の山を越えないでほしい。そうしないと、私は主戦派を制することができなくなってしまう」

哀願というより、半分脅しであった。これを読んだ西郷は、きわめて不敵な文言に烈火のごとく怒り、「海舟と慶喜の首を引き抜いてやる」と公言したという。じつは、もともと西郷は新政府のなかでも徳川家に対して一番の強硬派で、慶喜については死をもってその罪を償わせようと考えていた。ゆえに、海舟の書簡はまったくの逆効果になってしまい、三月はじめには同月十五日を期して江戸の総攻撃をおこなうことが決定された。

そこで、海舟は次の手段をとった。三月五日、山岡鉄舟《やまおかてっしゅう》に自分の手紙を持たせ、西郷のもとに派遣したのである。このとき、薩摩藩の捕虜益満休之助《ますみつきゅうのすけ》も同行させた。益満は前年から浪人たちを用いて江戸や関東《かんとう》の治安を撹乱《かくらん》した主犯格で、幕府方が三田《みた》の薩摩藩邸を焼き討ちした際、幕府に捕縛されていたのだ。

三月九日、駿府《すんぷ》（現静岡市）で西郷との対面がかなった鉄舟は、寛大な処置を求める海舟の手紙を手渡して交渉をおこなった。このとき、西郷は次の七カ条を鉄舟に提示した。

①慶喜は備前《びぜん》藩にお預けとする。②江戸城を明け渡す。③軍艦を残らず明け渡す。④武器一切を引き渡す。⑤江戸城内に居住する幕臣はすべて向島《むこうじま》（東京都墨田《すみだ》区）に移って謹慎する。⑥慶喜の妄動を助けた者を厳重に取り調べ、厳しく処罰する。⑦暴挙に及ぶ者が

いたら官軍が鎮圧する。

山岡はこの条件を受け取ると、ただちに江戸にとって返した。

いよいよ西郷が江戸に入った三月十三日、海舟は面会を申し入れた。その願いは受け入れられ、十三日と十四日の両日に会見が実現した。初日の会談はすぐに終了した。

そして十四日、この日は西郷のほうから提示された七カ条について、海舟が一つひとつ答えるかたちで会談が進行していった。海舟はそのときの様子を次のように回想している。

「さて、いよ〳〵談判になると、西郷は、おれのいふ事を一々《いちいち》信用してくれ、その間一点の疑念も挟まなかつた。『いろ〳〵むつかしい議論もありませうが、私が一身にかけて御引受けします』西郷のこの一言で、江戸百万の生霊も、その生命と財産とを保つことが出来、また徳川氏もその滅亡を免れたのだ」[19]

西郷は海舟の言うことを「一々信用」した。その結果、海舟は先の七カ条の大半をあっけなく引っくり返してしまったのである。たとえば、当面は「軍艦・武器とも全てを旧幕府側が保持し続け」ることになったし、江戸城も徳川一族の田安《たやす》家に預けることになった。これは「徳川が持ったままと同じこと」であり、「この要求が通れば、旧幕府徳川家は巨大な一大名として存続する」[18]ことになるわけだ。

慶喜と海舟を殺すと激怒していた西郷は、なぜこんなにあっさり自分の意見を引っ込めたのであろうか——。

それについて、多くの研究者はイギリス公使ハリー・パークスの態度を挙げている。新政府軍は最初の会談がおこなわれた十三日（異説として十四日）、江戸を総攻撃するにあたって参謀の木梨精一郎《きなしせいいちろう》と渡辺清をパークスのところに派遣した。すると、パークスは謹慎している慶喜を殺したり、諸外国に通告なしに江戸を攻撃したりするなどもってのほかであり、万国公法にも反するので断固反対すると激怒したのである。

イギリスはたしかに倒幕派に味方してきたが、横浜《よこはま》における交易の利益が第一であって、すぐ近くの百万都市江戸で戦争が起こるのを嫌ったのだ。

ただ、このイギリスの態度については、海舟が裏で手を回していたという説がある。直接は会っていないが、海舟はその部下であるアーネスト・サトウと会っており、サトウを通じて新政府に圧力を加えることは十分に海舟のやりそうな手である。しかも、いざというときには慶喜をイギリスに亡命させる手はずを整えていたとする説もある。

この結果、西郷は大幅な譲歩を強いられたわけだ。

◆新政府軍の勝海舟暗殺計画

ただし、西郷の判断によって江戸の総攻撃は中止されたが、話し合いの結果については、やはり新政府の許可を求める必要があった。そこで、西郷はただちにとって返し、三月二十日に京都で会議が開かれ、その条件での徳川の降伏が了承されたのである。また、このときにお預けになる慶喜については死一等を減ずることが正式に確認された。ただ、それまで慶喜切腹を主張していた西郷の豹変《ひょうへん》ぶりに誰もが驚いたという。

――四月四日、西郷との会談結果が正式に新政府に了承されたことが新政府の使者（橋本実梁《はしもとさねやな》）から伝えられた。同時に慶喜は処刑しないで水戸《みと》で謹慎とし、徳川家を存続させることも通達されたのである。しかし、江戸城は田安家ではなく尾張《おわり》徳川家に預けることに変更された。また、江戸城と武器、艦船の引き渡しは四月十一日が期限と決定した。

こうして江戸総攻撃は中止され、慶喜も殺されずに徳川家も存続する。まさに海舟にとっては願ったりかなったりだったが、最大の問題は武器と艦船の引き渡しであった。そう簡単に陸軍と海軍が引き渡しそうにないからだ。事実、続々と陸海軍から引き渡しに反対する意見書が海舟のもとに届いた。

そこで、海舟は池上本門寺《いけがみほんもんじ》（東京都大田区《おおたく》）にある新政府の総督府に出向き、参謀の木梨と海江田信義《かいえだのぶよし》に対し、尾張徳川家に城を預ける件と、武器や艦船の引き渡しについて交渉をおこなった。とくに艦船については、軍艦は引き渡すが輸送船は免除してほしいと誓願し、陸軍の武器については、兵士が職を失うからと、人間も武器と一緒に雇用してほしいと突飛《とっぴ》な申し出をしたのである。しかし、驚くべきことに、西郷隆盛の意向によって、その案はほぼ容認されたのである。

だが、不満を持った幕府の陸軍兵たちは続々と脱走し始めた。大鳥圭介《おおとりけいすけ》率いるフランス仕込みの精兵である伝習隊《でんしゅうたい》も脱走した。こうした脱走軍は下総《しもうさ》国国府台《こうのだい》（千葉県市川《いちかわ》市）に集結を始めた。さらに困ったことに、江戸城引き渡しの四月十一日、榎本武揚率いる幕府海軍が全艦船を引き連れ、抗議のために品川《しながわ》から脱走し、房総《ぼうそう》半島の館山《たてやま》に移ってしまったのである。

おそらく、海舟や大久保一翁をはじめ、徳川の首脳部は愕然《がくぜん》としたことだろう。結局、海舟は総督府と幕府海軍とのあいだを走り回って必死の交渉をおこない、最終的に八隻の軍艦を折半するという案でまとめあげた。そこで榎本ら幕府海軍も納得して品川に戻ったのだった。なお、新政府に引き渡す四隻はいずれも老朽艦であり、結果的に幕府海軍はそれほど大きな戦力ダウンにはならなかった。大総督府がよくこれを了承したものである。

一方、脱走した旧幕府軍は二手に分かれて日光東照宮《にっこうとうしょうぐう》を目指して進撃を開始、四月十九日に宇都宮《うつのみや》城を陥落させるなど、北関東で猛威を振るうようになったのである。これに呼応するかたちで八王子千人同心《はちおうじせんにんどうしん》（八王子など多摩地域に散在する半農半士の幕臣たち）なども新政府に対して反抗的になった。さらには、上野寛永寺《うえのかんえいじ》で謹慎する慶喜を守るために結成された上野彰義隊《しょうぎたい》が三千人ほどに膨張していったのである。彼らは慶喜が水戸に去っても解散せず、上野の山に陣取って、このように勢力を増やし続けた。

ちょうどこのころ、海舟は馬に乗っていると突然、数人から小銃で狙撃された。脱走軍や彰義隊などの旧幕府勢力を陰で操っているのは海舟ではないかと疑う新政府軍の兵士もおり、そうした者たちが海舟の暗殺を企てたらしい。だが、幸いにも弾丸は海舟の身体に当たらなかった。ただ、銃声に驚いて馬が後ろ足で立ち上がったため、海舟は仰向けざまに落馬し、路上の石にしたたかに後頭部を打ちつけて気を失った。刺客は海舟が動かないのを弾が当たって死んだと勘違いし、そのまま立ち去ったらしく、海舟が意識を取り戻したときには誰もおらず、馬がのんきに草を食《は》んでいたという。

鹿児島に去った西郷、静岡に去った海舟

いずれにせよ、こうした混乱状況だったのに、西郷は四月二十九日に再び上方《かみがた》に向かう前、江戸の治安を徳川方にすべて委任してしまったのである。

じつは、これが西郷のやり方だと研究者の田中惣五郎《たなかそうごろう》氏はいう。

「西郷の処理方法は、軍事的に堂々たる陣容で敵を圧倒し、これにおそれて敵が降伏し、妥協するさいは、情を以《もっ》て処理し、一応片づいたと見るや、あとは敵の処理にまかせるという方式であった。これが西郷の大腹中《だいふくちゅう》といわれて賞賛されるゆえんである」[20]

たしかに、パークスの反対があったとはいえ、西郷はよく海舟を信頼し、滅ぼすはずであった徳川への妥協を重ねてきた。そして、今回は江戸の治安の一任という大英断に出たのである。

ただ、悪くとれば、無責任な「丸投げ」に見える。新政府の駐屯軍の手に負えなくなってきたので、すべてを任せて、何かあったら相手の責任にしてしまおうとも受けとれなくはない。

実際、江戸の治安維持を委ねられた海舟や一翁は、ほとほとその取り締まりに苦労した。ただ、海舟のすごいところは、こうした状況を巧みに利用したことであろう。

海舟は閏《うるう》四月四日、江戸の大総督府に宛てて「とても私のような者では江戸の治安は維持することができないので、ぜひ近日中に旧主徳川慶喜を呼び戻していただきたい。さすれば、その旧主の徳によって、この町は平穏になるでしょう」という嘆願書を出したのだ。じつは、このとき、江戸城は新政府に奪われそうになっていた。徳川の旧臣たちが新政府に加担した尾張徳川家に江戸城を委ねるのはいやだと駄々をこねたため、そのまま新政府軍が居座り、先月四月二十一日には江戸に到着した有栖川宮熾仁親王が入城してしまっていたのだ。このままでは江戸城は完全に新政府の拠点になってしまう。

もし慶喜を呼び返すことができたら、江戸の治安も回復するし、江戸城も取り戻せる。この時点では、徳川家の石高《こくだか》や移封先についても決定していない。もし慶喜が江戸に帰還できれば、江戸を動かず、石高も維持できるかもしれない。そう考えたのか、以後、海舟は慶喜の江戸帰還運動を大々的に展開していった。

だが、京都の新政府では、江戸や関東の乱れは西郷の徳川に対する甘い処分にあると不満の声が高まっており、結局、西郷は事実上、最高責任者の地位を追われることになった。新政府は三条実美《さんじょうさねとみ》を新たに関東監察使に任命して江戸に派遣することにしたのである。

こうして三条が西郷とともに閏四月二十三日に江戸に赴任する。大総督府とは別個の大きな権限を持つ役職であった。このとき、すでに赴任していた新政府の軍防事務局判事の大《おお》村益次郎《むらますじろう》（長州藩出身）は大総督府が上野彰義隊を放置しておくことが不満でならなかった。そこで、断固として彰義隊を叩くべきだと主張した。大村は長州征討のとき、長州軍の最高司令官として作戦を立案・指揮して幕府の大軍を退けた名将であった。権限を縮小されたこともあり、最終的に西郷は大村の要求を認めたのである。

こうして、大村の指揮によって、五月十五日、上野の山に新政府軍が猛攻をしかけ、わずか一日で彰義隊は瓦解した。

一方、海舟はこのころ、大総督府や三条に宛てて、徳川四百万石をいっさい削ることなく、そのまま残すよう強く誓願していった。

だが、その願いはむなしく、上野戦争によって江戸の治安はたちまち回復し、海舟の徳川復活の夢も崩れ去った。

結局、徳川四百万石はわずか七十万石に減らされ、さらに駿府へと移封となってしまった。西郷も江戸を去って、しばらく北越《ほくえつ》を司令官として転々とするが、やがて鹿児島に引きこもってしまったのである。

海舟は徳川家とともに駿府に赴くが、明治五年（一八七二）、新政府に請われて出仕《しゅっし》する。そして、新政府の外務大丞《たいじょう》に就任。さらに兵部大丞《ひょうぶ》を経て参議兼海軍卿《きょう》にのぼりつめた。その後は元老院《げんろういん》議官や枢密《すうみつ》顧問官を歴任、最後は伯爵《はくしゃく》を授与されている。

海舟の江戸の氷川《ひかわ》邸（東京都港区赤坂《あかさか》）には政財界の大物たちが足を運び、海舟の話を拝聴し、その薫陶を受けた。明治三十一（一八九八）年には旧主慶喜もこの屋敷を訪れている。

だが、福沢諭吉《ふくざわゆきち》は幕臣でありながらこのように新政府で栄達した海舟を激しく非難した。これに対して海舟は「行蔵《こうぞう》は我ニ存す、毀誉《きよ》は他人之《の》主張、我に与《あずか》らず我に関せず」と応じた。簡単に言えば、「おれは自分の思うとおりに好き勝手にやっているだけ。他人にどう評価されようとかまわない。おれのあずかり知らぬことさ」といった意味である。

こうして、明治三十二（一八九九）年一月、貧しい幕臣の身分から成り上がって徳川政権の幕引きを担い、さらに明治政府の顕官にのぼりつめた一代の英傑は、畳の上で七十七歳の生涯を閉じたのだった。

異説 6

会津藩や東北各藩は「悲劇の主人公」ではなかった!?

「新政府軍＝テロリスト」論の虚実

最近、「吉田松陰《よしだしょういん》とその門弟は、たんなるテロリストである」といった趣旨の本をよく見かけるようになった。これまでの史観を大きく揺さぶる歴史啓蒙《けいもう》書が出ることは大いに歓迎する。いうまでもなく、歴史は勝者によってつくられる。勝てば官軍、負ければ賊軍なのである。次に勝たないかぎりは、永遠に敗者は敗者のままである。

明治維新についても、江戸《えど》幕府は悪であり、それを倒して新政府を創設し、日本の近代化を成し遂げた倒幕派（主に薩長《さっちょう》両藩）を正当化する史観がずっと続いてきた。その認識は戦後になっても、歴史学界は別として、日本人一般のなかでは基本的に崩れなかった気がする。

しかし、一九八〇年代に入ってから、新選組《しんせんぐみ》など幕府方の組織や佐幕派の人びとに大いに人気が集まり、その傾向はぶれてきた。善悪ではなく、大きな観点から幕末史を堪能《たんのう》しようという空気が生まれた気がするのだ。新選組も好きだし、坂本龍馬《さかもとりょうま》や高杉晋作《たかすぎしんさく》も好きだという幕末ファンも少なくないだろう。

私個人としても、このスタンスである。だから、吉田松陰とその門弟をテロリストだと断言する論考を見ると、違和感を覚えてしまう。

なぜなら、良い悪いは別として、いつの時代だって、強大な権力に立ち向かう弱小なレジスタンスは、テロや暗殺によって政局を変えるしかないのだから――。

松陰が大老《たいろう》の井伊直弼《いいなおすけ》の手先となって京都で志士たちを弾圧する老中《ろうじゅう》の間部詮房《まなべあきふさ》の襲撃を叫んだのも、ある意味、それしか政治の流れを変える方法がないと思ったからだろう。また、その弟子たちがイギリス公使館への焼き討ち、下関《しものせき》を通過する外国船への無差別攻撃を実行したのも、やはり同じ理由だろう。

松陰は生前、「功業《こうぎょう》など損得を考えず、先駆けとなって死ぬこと、それが真の志士なのだ」と明言しており、その教えに従って、弟子たちはボロボロになりながら、この国を回天《かいてん》させようとしたのである。弱者を攻撃したり、襲ったりしたのではない。自分たちより強い者に立ち向かっていったのである。そういった意味で、私は近年の松陰とその弟子の評価に対して違和感を覚えてしまうのである。

さて、すでに述べたように、西郷隆盛《さいごうたかもり》が江戸城無血開城と徳川《とくがわ》家の存続を許してしまったことで、新政府と徳川との大規模な戦争はなくなった。このため、徹底的に戦って手柄にありつきたいと目論《もくろ》む征討軍の兵たちの士気はくじかれてしまう。そうしたこともあって、新政府は会津《あいづ》藩や庄内《しょうない》藩を朝敵、つまりスケープゴートとしたのだろう。

とくに会津藩は藩主の松平容保《まつだいらかたもり》が京都守護職《しゅごしょく》として新選組などを使役したことで、薩長の志士たちから激しい憎しみを買っていた。だから、いくら恭順の姿勢をとっても許されることはなく、大軍による総攻撃を浴びて降伏を余儀なくされた。しかも、戦後、薩長を中心とする新政府軍は会津藩兵の遺体の埋葬や収容を禁止したという。なんともむごいことであるが、これについては悪意があって禁じたのか、そもそも本当にそのような命令が発せられたのかについても疑問の余地があるようだ。ただ、地元では史実だと固く信じられており、なおかつ、その後、長く朝敵として差別されたこともあり、いまでも会津の人びとは薩長に複雑な感情をいだき、和解できない状態が続いている。

都市伝説として、観光客が鹿児島県や山口県から来たことがわかると、会津地方のタクシー運転手は乗車を拒否するという話がある。さすがに、そんなことはないと思うのだが、昭和六一年（一九八六）、かつて長州《ちょうしゅう》藩の城下町だった山口県萩《はぎ》市が福島県会津若松《あいづわかまつ》市に「友好都市の提携を結びたい」と和解の働きかけをした際、会津若松市は「まだ百二十年しかたっていないから、和解は時期尚早だ」と申し出を拒絶したのは事実だ。ただ、平成二三年（二〇一一）四月、東日本大震災で被害を受けた会津若松市に対し、萩市が義援金と支援物資を送ったときは快く受け取っているので、今後は和解が進むかもしれない。

だが、よく考えてみれば、この遺恨については、ちょっと不可解なことがある。

幕末当時の会津藩士は家族を含めても二万人程度でしかない。藩の領民たちはその十倍以上はいたはず。では、会津戦争のとき、絶対的多数派の領民たちは自藩を守るため、藩士と協力して新政府軍に敢然と立ち向かったのだろうか。

答えは「否」である。

当時、重税を課せられて苦しんでいた会津の農民たちはほとんど戦争に参加せず、若松城下が総攻撃を受けて会津若松城に砲弾が降り注ぐなか、支援するどころか、傍観していたという。山の上で弁当を食いながら戦争見物をする者がいたという説さえある。

さらに、戦後、会津藩の苛政《かせい》に対する不満が噴出し、大規模な世直し一揆《いっき》が発生している。つまり、領民の多くは会津藩に恨みこそあれ、恩義などはさして感じていなかったわけだ。逆にいえば、ある意味、新政府軍は会津の領民にとって解放軍といえるのだ。

戦後、領地を没収された会津藩士たちは、現在の青森県に三万石をもらい、そちらに移住して藩（斗南《となみ》藩）を再興する。そのうち、廃藩置県後に旧会津藩領に戻った藩士は半分の一万人程度にすぎなかったとされる。たしかなことはいえないが、会津領の中心だった会津若松市に住む市民のうち、現在、藩士の子孫の割合は三分の一にも満たないはずだ。しかしながら、友好都市の提携を拒否したことでわかるように、住民の過半が薩長などに対していい印象を持っていない。

いったい、なぜか。

それは、学校での郷土教育やマスメディアの影響などによって、会津地方の人びとの多くが幕末の会津藩にシンパシーをいだくようになったからだと思われる。本来なら藩士より領民の子孫のほうが圧倒的に多いはずだから、もし当時の領民感情が正確に伝えられているなら、むしろ会津の人びとの多くは新政府軍に好印象をいだいてもおかしくないはずだからだ。やはり、教育の影響というのは大きいと、つくづく思う。

じつは新政府軍と内通していた新発田藩

さらにいえば、近年、会津藩や庄内藩など朝敵にされた武士たちを、あたかも犠牲者とみなす傾向があるが、これについても、本当にそうなのであろうか——。

戊辰《ぼしん》戦争のとき、東北と北越《ほくえつ》三十一藩が提携して奥羽越《おううえつ》列藩同盟を結び、新政府軍と戦ったのは周知のとおりである。

慶応《けいおう》四年(一八六八)一月、新政府は朝敵とした会津藩の征伐を東北諸藩に命じた。しかし、東北諸藩はこれに逡巡《しゅんじゅん》し、なかなか行動に移そうとせず、やがて会津藩の免責を新政府に誓願するようになった。

一方、出羽《でわ》国の庄内藩は同年二月、徳川家から出羽国の幕府領(七万四千石)を預地《あずけち》とされたため、藩兵を派遣していたところ、四月に新政府軍が進駐してきたため、撤退した。しかし、この折に年貢を運び去ったということで朝敵となった。そのため、庄内藩は会津藩と同盟を結び、新政府軍と交戦状態に入った。

さらに、仙台《せんだい》藩は奥羽鎮撫《ちんぶ》総督府の参謀であった世良修蔵《せらしゅうぞう》が非常に傲慢な態度で会津攻めを強要することに腹を立てていたが、世良の密書に「奥羽皆敵」という文字があるのを見て、ついに仙台藩士が福島城下で世良を殺害。ここにおいて東北の盟主仙台藩も新政府への敵対を決意する。

こうして、仙台藩、そして米沢《よねざわ》藩を盟主として、五月三日に奥羽二十五藩が同盟を結び、さらに翌日に越後の長岡《ながおか》藩、六日に北越五藩が加わって、奥羽越列藩同盟が成立したのである。

ただ、じつは、こうした藩のなかには、いやいやながら同盟に与《くみ》した藩が少なくないのである。おそらく、これは、ほとんど事実として知られていないだろう。

その代表的な藩が新発田《しばた》藩（十万石）である。

新発田藩主溝口《みぞぐち》氏は豊臣秀吉《とよとみひでよし》の時代からこの地域を支配しており、外様《とざま》であったから、徳川家には恩を感じていない。そのため、京都に派遣された家老《かろう》の窪田平兵衛《くぼたへいべえ》は新政府の要人との関係を深め、国元と緊密に連携をとりながら新政府方として行動する方針をとった。

ところが、である。

朝敵にされた会津藩は新発田藩のある越後《えちご》国を自藩側に結束させようと動き始めた。

二年前の慶応二年（一八六六）、会津藩は当時の幕府から越後に二万五千石を加増され、あわせて越後国内に七万五千石の飛び地を持つことになった。

さらに、その後、旧幕府領の一部も預けられることとなり、会津藩の越後領はなんと十一万三千石にのぼったのである。

だから、会津藩としては北越諸藩との絆《きずな》を強め、来る越後での新政府軍との戦いに備えようと考えたのである。こうして、慶応四年（一八六八）二月二日、会津藩の主催で越後の会津領酒屋《さかや》陣屋（新潟市江南《こうなん》区）において北越諸藩を集めての会合が開かれた。この会合には長岡藩、村松《むらまつ》藩（現在の五泉《ごせん》市にあった藩）、村上《むらかみ》藩に加え、勤王方に立とうとしていた新発田藩も参加した。

開港場となる新潟港の管理や防衛について話し合われたが、会合が終わってまもなく、新発田藩兵二百名が京都に出立《しゅったつ》したことが伝わったのである。すると、会津藩の萱野安之助《かやのやすのすけ》は「新政府に味方するつもりなのか！」と新発田藩の七里敬吉郎《しちりけいきちろう》を激しく詰問。しかたなく、七里は新発田に戻って善後策を協議し、翌日、会津藩の宿舎を訪ねて弁明に努め、ことなきを得たのだった。

新発田藩主の溝口直正《なおまさ》は前年に藩主を継いだばかりの、まだ十四歳であったが、このときは江戸にいた。けれども、国元では「そのまま江戸にいれば徳川に加担することになり、朝敵になってしまう」と帰国を促され、二月二十二日に江戸を出立したのだった。

途中、会津街道を通るのだが、会津領の内原まで来ると、にわかに数人の会津藩士たちが現れ、「うちの若い連中が、あなたがたの襲撃を企てているので」と警備の名目で藩主の宿舎に泊まり、さらに新発田城下まで同行し、数日にわたって滞在して去っていった。

さらに、翌月、前藩主で直正の実父静山（直溥《なおひろ》）が同じく会津街道を通って江戸から国元に向かうが、このときも西郷頼母《さいごうたのも》ら重臣が静山の宿舎に押しかけ、「貴藩が京都に出兵し、さらに藩領に薩長の藩士たちを潜伏させていると信じ、襲撃を企む者たちがいる。どうなるかわからないので、しばらくここに逗留《とうりゅう》してほしい」と伝えてきたのである。

驚いた家老の溝口《みぞぐち》伊織《いおり》は、「京都に出兵したのは朝廷の命令を奉じただけで、幕府を疎んでいるわけではない」と弁解したが、西郷は「いまにおいて勤王と佐幕は両立しない。ぜひ、静山公の意見が聞きたい」と迫ってきたのだ。

どうにか伊織はこれを押しとどめたが、やはり会津藩兵は静山一行と新発田領まで同行してきたのである。

これは明らかに会津藩による脅しであったが、とうてい戦って勝てる相手ではなかったため、藩士の大勢が勤王に傾きながら、そのまま奥羽越列藩同盟への加盟を余儀なくされたのである。

ただ、それからも新発田藩はひそかに新政府方と連絡をとり続け、同盟への加盟についても事情を説明し、理解を得ていたのである。

しかし、ついに五月後半になると、北越での新政府軍と長岡藩の戦いが激しさを増し、新発田藩もさかんに同盟諸藩から出兵を求められるようになった。

新発田藩としては、これをのらりくらりとかわしていたが、これに不信感をいだいた同盟諸藩のなかには「新発田藩を討て」と主張する人びとも現れた。すると今度は領民の蜂起によって出兵できないと弁解するが、じつは蜂起を裏で先導していたのは、なんと新発田藩の重役たちだったのである。

だが、六月になると、しびれを切らした米沢藩主の上杉斉憲《うえすぎなりのり》が新発田城下に兵を送り、さらにみずから千人の兵を連れ、六日に関川《せきかわ》村（現村上市）の下関《しもせき》本陣に入った。

米沢藩は「この騒動を鎮めるため、軍議をおこないたいので、ご足労を願いたい」と新発田藩主の溝口直正に要請したのである。

さすがに断り続けるのは難しく、直正は六月五日に下関に向けて出立しようとしたところ、城下に数千の領民が集まり、「進軍することなかれ、官軍と戦うなかれ」と叫びながらこれを阻止する運動を展開し始めたのだ。直正が乗った乗物《のりもの》（駕籠《かご》の一種）も数百人の領民たちに行く手を阻まれてしまった。

ただ、これも新政府に敵対したくない新発田藩の重役たちが領民たちをあおって起こした自作自演の計画だった。その群衆のなかには農民に化けた新発田藩士たちの姿も多数あったという。

明らかに姑息《こそく》な時間稼ぎであると判断した米沢藩など同盟軍は「六月九日の夜、子《ね》の刻まで領民を鎮圧し、静山公が下関本陣に来るか、新発田軍を出陣させなければ、新発田城下に総攻撃をかける」

と布告したのである。

これに仰天した新発田藩は、しかたなくこの騒動を起こした責任者二名を同盟軍に引き渡し、以後は新政府軍と敵対するようになったのである。

こうして、ひと月以上、同盟軍として戦い続けた新発田藩だったが、その後も新政府軍とひそかに連絡をとり続け、七月二十四日に新政府軍が軍艦に分乗してやってくると、これを領内の太夫浜《たゆうはま》（新潟市北区《きた》）に上陸させ、城下に引き入れて新政府に帰順し、以後は新政府軍として戦うことにしたのである。

藩主は自殺、佐幕派の首魁は切腹させられた村上藩

次に紹介するのは越後の村上藩五万石である。

この藩は徳川家康《とくがわいえやす》の異母弟内藤信成《ないとうのぶなり》を藩祖とする、譜代でも特別な家柄だったので、戊辰《ぼしん》戦争でも徳川に心を寄せる藩士が多かった。しかし、江戸にいた村上藩の最大実力者で前藩主の信親《のぶちか》は、かつて幕府の老中を務めていたが、一貫して新政府に対して恭順の姿勢を貫き、国元の藩士に対しても新政府に従うよう家老たちに指示していた。

しかし、家老たちは藩士たちを恭順でまとめあげることができず、家老の鳥居三十郎《とりいさんじゅうろう》を江戸に派遣して信親と現藩主信民《のぶたみ》（十八歳）の帰国を強く願った。

ところが、信親は徳川慶喜《よしのぶ》から江戸城留守居役《るすいやく》を命じられていることを理由に帰国を拒んだのである。しかたなく、少年藩主の信民が村上に入ることになった。信民にとっては初めてのお国入りであった。

だが、藩士たちの多くが主戦に傾き、信民が新政府への恭順を諭しても通じず、なおかつ会津藩や庄内藩などの圧力もあって、庄内藩は奥羽越列藩同盟に加わってしまう。

それでも信民は藩内を恭順にまとめようと努力するが、うまくいかず、藩内は主戦派と恭順派に分かれて激しくいがみ合うようになってしまった。

六月、恭順派の家老久永惣右衛門らが失脚し、主戦派の鳥居が実権を握った。こうした混乱に懊悩《おうのう》した信民は七月十五日、みずから命を絶ってしまったのである。

藩主を失った村上藩では、その後も両派の対立が続いた。そこで、前藩主信親は江戸から国元に向かおうとするが、すでに戊辰戦争が佳境を迎え、交通が阻害されて村上に入ることができず、戊辰戦争が終わるまで信濃国岩村田《いわむらだ》藩（現在の長野県佐久《さく》市にあった藩）に足止めされてしまった。

七月末、隣国の新発田藩が新政府方に寝返り、新政府軍が新発田に続々と集結してきた。こうしたなか、村上藩では動揺が広がり、急速に恭順派が力を持ち始めてくる。そうした弱気を一掃するため、酒井正太郎《さかいしょうたろう》率いる庄内藩軍が村上城下に入り込み、城下で軍事演習をするなどしてデモンストレーションを繰り広げ、敵方に寝返らないよう牽制《けんせい》をおこなった。

しかし、いよいよ村上藩を標的に新政府軍が藩境に迫ってくると、城下は大変な混乱ぶりとなり、「これでは、とても村上藩とともに戦えない」と判断した酒井ら庄内軍は城下から去っていった。

八月十一日、ついに新政府軍が村上藩領に入ってきた。このとき、城の鐘が激しく打ち鳴らされ、城下の桜馬場に全藩士たちが集められた。ここでの話し合いの結果、鳥居はその去就は各自に任せるという驚くべき決断をおこなった。そして、まだ「武士の一分《いちぶん》」を貫いて戦いたい者だけを引き連れ、庄内藩へと去っていったのである。

一方、恭順派の村上藩士たちは城下を離れ、郊外や山中に身を潜めた。村上城はこのとき、藩士の手によって焼き払われていたが、新政府軍は同日、武士がいなくなった城下に入り込み、村上城を占拠した。しばらくして、村上藩士たちは続々と新政府軍に投降していった。

こうして恭順した村上藩士たちは武家の習いとして軍の先鋒《せんぽう》に任じられ、朝敵になっている庄内藩攻めに動員された。

一方、庄内領に逃れた鳥居率いる主戦派村上藩軍は庄内藩軍に合流し、山中に塹壕《ざんごう》を掘って村上方面から襲来する新政府軍を待ち構えていた。やってきた敵の先鋒は、なんと恭順した村上藩士であった。こうして、村上藩では同士討ちがおこなわれる悲劇が起こったのである。

その後、主戦派村上藩軍は庄内領の南端海側の砦《とりで》、鼠ケ関《ねずがせき》（山形県鶴岡市《つるおか》）の守備を任された。

新政府軍は八月後半から数度にわたって国境の鼠ヶ関を突破しようと激しく攻めかけたが、主戦派村上藩軍は庄内藩軍と力を合わせて奮戦し、ついに敵を一歩もなかに入れなかった。しかし、奥羽越列藩同盟諸藩はすべて降伏してしまい、孤立した庄内藩は戦いに敗北しないまま降伏を余儀なくされた。

村上藩は大半の藩士が無抵抗で降伏し、前藩主内藤信親も一貫して新政府方につくことを指示していたことから、内藤家は本領を安堵《あんど》された。また、ほかの藩と異なり、城下は無傷で残った。ただ、奥羽越列藩同盟に加担し、なおかつ主戦派が新政府に抵抗したことに対する責任はとる必要があった。こうして、戦犯には鳥居が指定された。鳥居は明治二年（一八六九）三月に江戸に上り、新政府の判決を受けた。村上において刎首《ふんしゅ》という厳しいものであった。

こうして六月はじめに村上に戻った鳥居は、ただちに処刑されるはずだったが、なかなか刑は執行されなかった。多くの藩士たちが鳥居を支持しており、彼を殺せば藩内で抗争が起こりそうな危険があったからだ。

新政府は執行報告を求めてきたが、村上藩は苦しまぎれに「執行済」とウソをつくほどであった。

結局、六月二十一日に刑が執行されることに決まったが、当初の刎首ではなく、切腹に変わった。名誉ある死に方をさせることで藩内の動揺を防ごうとしたのであろう。ところが、である。その前日、恭順派の中心人物であった江坂与兵衛《えさかよへえ》が何者かによって自宅で暗殺されたのだ。

これによって処刑は三日間延長され、鳥居は六月二十四日に切腹して果てた。だが、その年の夏、藩士たちは鳥居の施餓鬼《さがき》供養をおこなった。

こうしたことを問題視した新政府は与兵衛を殺害した犯人の逮捕を厳命し、「もし犯人を見つけられない場合は村上藩の廃絶もありうる」と伝えた。また、施餓鬼をおこなった藩士たちは処罰されることになった。

新政府と大藩の思惑に翻弄された天童藩

山形県天童《てんどう》市といえば将棋の駒で有名だ。年間およそ百万組、全国の九五％の生産量を誇るそうだ。じつは、この駒づくり、天童藩士の内職として幕末のころにさかんになった。藩の中老《ちゅうろう》（家老の次席）吉田大八《よしだだいはち》が、米沢から駒師を招いて藩士に生産を奨励したからである。

天童藩はわずか二万石の小藩。そのうえ、天保《てんぽう》期以後の連続的な凶作で財政は破綻。藩士の生活も危機的状況にあった。そこで藩は大八を改革取締頭取《とりしまりとうどり》に抜擢《ばってき》して藩政改革にあたらせた。藩士の駒づくりも改革の一環であった。だが、これに関しては、「武士が職人の真似《まね》をするのは好ましくない」とする批判が強かった。それを聞いた大八は、

「駒をつくって将棋を指すことは兵法戦術を習うことにつながる。決して武士の面目を傷つけるものではないはずだ」

と強く反論し、不満の声を抑え込んで駒づくりを推進した。自分が正しいと思ったことは貫き通す。反対者があれば、目上の者だろうと、完膚《かんぷ》なきまでにたたき伏せてしまう。そういった激しさが大八という男の特徴だった。そのため、彼を尊崇する人間は多かった半面、人を人と思わない図太さが多数の敵をつくった。とくに重臣の一部からはかなり憎まれていたらしく、これまで何度となく謹慎処分を食らい、ひどいときには収賄の疑いで牢《ろう》獄《ごく》にぶち込まれている。それでも、この男が回生を果たしてきたのは、頭脳明晰《めいせき》で仕事ができ、藩主織田信学《おだのぶみち》に絶大な信頼があったためだ。

改革の成果を認められ、慶応三年（一八六七）九月、大八は三十六歳の若さで中老へと異例の出世を遂げた。だが、時は幕末の激動期。大八が中老になってわずか一カ月後、幕

府は大政奉還《たいせいほうかん》をおこない、二カ月後には京都に朝廷政府が誕生、それから一カ月も経たない翌年正月、鳥羽《とば》・伏見《ふしみ》の戦いで新政府軍が旧幕府軍に勝利した。

まもなく天童藩に朝廷(新政府)から突如、上洛命令《じょうらく》が届いた。鳥羽・伏見の戦いからわずか一週間後のことだった。藩主信学は足の病気のため、代理に後嗣の富久之助《ふくのすけ》を遣わし、介添として家老の津田勘解由《つだかげゆ》と中老の吉田大八が同道した。途中、富久之助は元服して信敏《のぶとし》と改め、三月九日には正式に藩主となった。

一行は二月二十六日に京都に到着。朝廷からの内示で天童藩が奥羽鎮撫《ちんぶし》使先導役を仰せつかることが判明した。この役は東北諸藩を朝廷に服属するよう説得する職であり、実際には新政府軍の先鋒と考えていい。

天童という小藩が大任を授けられたのは、同藩が勤王藩だと目されていたためだ。百年前の明和《めいわ》四年(一七六七)、天童藩内で家老の吉田玄蕃《よしだげんば》と用人格《ようにんかく》の松原郡太夫《まつばらぐんだゆう》の対立が激化し、松原は藩主に吉田が倒幕を企てていると密訴した。驚愕《きょうがく》した藩主信邦《のぶくに》はただちに吉田の身辺を調査。すると、勤王家の山県大弐《やまがただいに》と密接な交際があり、不穏な言動も明確になった。そこで藩は吉田の家屋敷を没収し、職禄《しょくろく》を廃した。ただ、幕府には報告せず、内々に処分を終えた。だが、これがまずかった。幕閣に事件が漏れてしまったのである。

その結果、山県は捕らえられて処刑され（明和事件）、天童藩は報告義務を怠ったとして藩主信邦は隠居を命ぜられ、上野《こうずけ》国小幡《おばた》（群馬県甘楽《かんら》町）から出羽国高畠《たかはた》へと転封を命じられたのだった。こうした藩歴が朝廷をして天童織田氏を勤王一族だと錯覚させたようだ。

三月二日、参内《さんだい》した織田信敏に、

「兼テ勤王之旨趣被聞食之処、今度、奥羽《おうう》両国鎮撫使《ちんぶし》発向披仰出候ニ付、右可致先導之、御沙汰候事」（国立公文書館蔵）

と正式に勅書が下された。ようは、前から織田家は勤王の家として有名なので、新政府の先導役になれというのだ。対して信敏は「先祖の信長に対し、お家の面目が立ち、とても有り難《あがた》い仕合《しあ》わせです」と返答したが、ありがたき幸せどころか、ありがた迷惑だった。将軍慶喜《よしのぶ》が上野寛永寺《うえのかんえいじ》に蟄居《ちっきょ》しているといっても、現時点ではいまだ旧幕府軍は健在であり、形勢の逆転は十分にありえた。また、東北諸藩は完全に旗幟《きし》を鮮明にしておらず、今後の動向も読めなかった。そんななか、朝廷は会津藩と庄内藩を朝敵とみなして徹底的に殲滅《せんめつ》するつもりでおり、天童藩が奥羽鎮撫使先導役を命じられたまさにその日、奥羽鎮撫使総督九条道孝《くじょうみちたか》が薩長の兵を連れて京都を発し、大坂から軍艦で東北に向かっている。

もし先導役を引き受けたら、隣接する庄内藩との衝突は避けられない。庄内藩は天童藩の十倍の経済力を有する大藩であるうえ、幕末期に蝦夷《えぞ》や江戸市中の警備を担当したため、兵備は近代化されており、敗北は目に見えていた。

窮地に立った天童藩では苦肉の策として、藩主信学は病のため、また世嗣信敏は若年ゆえ先導役は務まらないので、中老の吉田大八をもって代理とし、先導の範囲も近隣の諸藩と幕府領に限定させてほしいと嘆願した。こうしておけば、東北諸藩が朝廷と対峙《たいじ》した際、東北諸藩が勝っても大八を処罰することで追及を逃れられる。つまり、大八を万が一のときの生け贄《いけにえ》としたのだ。もちろん、本人も承知のうえだった。

大八は勤王家吉田玄蕃《げんば》の末裔《まつえい》であり、志士としても高名だったため、その願いは朝廷に了承された。

――三月二十三日、大八は帰藩した。だが、地元では大変な事態が起こっていた。天領の柴橋《しばはし》代官所(山形県寒河江《さがえ》市)に幕府の年貢米《ねんぐまい》が保管されていたが、そこを庄内藩が占拠しており、この事実を知った仙台に置かれた奥羽鎮撫総督府(朝廷)が年貢米を没収すべく出兵すると天童藩に通告してきたのだ。大八は驚き、なんとか戦争を避けようと、柴橋代官所の役人高野俊八を通じて新政府軍来襲の情報を駐屯する庄内兵に漏らし、すぐに撤兵すれば新政府軍も来攻しないだろうと、朝敵になる不利を諭した。

すでに年貢米の一部が庄内藩の手で売りさばかれていた。にもかかわらず、大八は新政府に対し、米は無事で、庄内兵も少数だと虚偽の報告をして出兵の猶予を請い、庄内藩が撤兵できるよう時間稼ぎをした。

しかし、新政府軍は大八の嘆願を無視して、予定より早く代官所に殺到した。けれども、瞬時の差で庄内兵の撤退は完了し、最悪の事態は回避できた。

だが、大八の努力は報われなかった。庄内兵は大八が自分たちを騙《だま》したと思い込み、憎悪の対象にするようになったからだ。

――四月十日、ついに総督府によって庄内藩征討の命令が発せられ、大八がその先導を命じられた。十五日、沢為量《さわためかず》副総督、大山格之助《おおやまかくのすけ》参謀が二百名の新政府軍を率いて仙台を出発し、途中、大八がこれを出迎えた。同軍はそのまま村山《むらやま》郡に入り、十七日に山形城で休息をとり、上山《かみのやま》城に到着した。大八は馬上の人となってこの洋式軍隊を先導した。この示威行動におびただしい群集が歓声を上げたという。

翌日、城下の見目原《みるめがはら》で大規模な諸藩兵の閲兵式が挙行された。大八はこの折、先導役という地位から、上山藩主より上座《かみざ》に着席して人びとを驚かせた。大八は非常に体格がよく、美男子だったため、隣にいる貧弱な公家《くげ》の沢為量より偉く見え、みんなはこの大丈夫《だいじょうぶ》こそが副総督だと勘違いしたと伝えられる。

二十日に本陣を天童に移した新政府軍は二十四日に清川口《きよかわぐち》（山形県庄内町）から庄内領に攻め入った。しかし、逆に精鋭の庄内兵に撃退され、退却を余儀なくされた。勢いづいた庄内軍は藩主の諫止《かんし》を無視して閏《うるう》四月四日、復讐《ふくしゅう》を叫んで天童藩に乱入した。大兵に攻め込まれて市中はひとたまりもなかった。城下は灰燼《かいじん》に帰し、前藩主信学は重臣にともなわれて仙台に逃れた。庄内藩士は憎き大八の行方を血眼《ちまなこ》になって詮索したが、ついに発見できずに引き揚げた。

当日、窪野目口《くぼのめぐち》（山形県天童市）で戦っていた大八は城下の焼失を知ると山伝いに逃れ、いったん楯岡村《たておかむら》（現村山市《むらやまし》）の念仏寺に潜伏したが、新政府軍が反攻に転じると、ただちにこれと合流し、庄内軍の拠点を次々に陥落させていった。こうして時勢は大八の意図する方向に傾くかに見えたが、水面下では正反対の動きが急激に進行していた。

もともと東北諸藩は会津藩や庄内藩とは鉾《ほこ》を交えたくはなかった。なのに、薩長を主力とする新政府軍が朝敵になるぞと脅しつけて出兵を強要したため、閏四月以降、東北では薩長に対する嫌悪感が日増しに増大。ついに五月六日、三十一藩で奥羽越列藩同盟を締結し、薩長への抵抗姿勢を明らかにしたのだ。こうして、形勢はにわかに反転した。

この同盟には天童藩も参加した。前藩主信学が仙台藩に逃れたまま人質にとられた格好になっていたうえ、庄内藩が武力をちらつかせて恐喝してきたため、その圧力に屈したのである。そして、じつは、こうした経緯のなかで、大八はすでにこのとき、山形藩に拘束の身となっていたのだった。

タッチの差で「元勲」になり損ねた吉田大八

事情は次のようなことであった。さかのぼること閏四月十九日、天童藩は家中会議を開き、現在の情勢を鑑みて、先導役を辞退することを決議し、大八に蟄居《ちっきょ》謹慎を命じたのである。

大八の失脚を知った庄内藩は天童藩に彼の引き渡しを要求、天童の領民に対しては「吉田大八を捕縛した者には金百両を出す」と、その首級《しるし》に賞金までかけたのである。天童に大八という切れ者がいるかぎり、再び藩論が引っくり返る危険性があると判断したのだろう。それにしても、庄内人の大八に対する憎しみは執拗《しつよう》といえた。

大八を差し出せば処刑されるのは歴然だった。天童藩としては、なんとしてもこの男を死なせたくはなかった。そこで庄内藩には、

「当藩で厳罰に処すので、どうかご勘弁願いたい」

と拒否したが、庄内藩はこれを認めず、天童領の常安寺《じょうあんじ》に兵を駐屯させて威圧した。そこで、天童藩は米沢藩に重臣を派遣して仲介を要請したが、米沢藩は庄内藩との関係悪化を憂慮してこれを黙殺した。

ここにいたり、藩の重臣たちは事態を蟄居している大八に告げざるをえなかった。いうまでもなく、これは暗に自裁せよと迫ったと同じことである。敵に処刑させるくらいなら、武士として名誉ある切腹を。そう苦悩の決断をしたのだろう。

ちょうどこのころ、大八の潜伏先をひそかに訪ねた若者がいた。長州藩第二大隊二番隊司令の桂太郎《かつらたろう》である。のちの内閣総理大臣である。

桂はこのとき二十二歳。豪放磊落《らいらく》な大八の魅力に引かれ、強く彼を尊崇していた。桂は大八の窮地を知り、自分とともに新庄《しんじょう》の新政府軍に合流してほしいと強く懇願した。だが、大八は首を横に振った。自分が逃走すれば、天童藩が庄内藩になぶりものにされることを知っていたからである。すでに大八は死ぬ決意を固めていた。桂はその気持ちを察し、それ以上誘うことはしなかった。ただ、別れ際に、あなたの娘の峰を嫁に欲しいと告げた。

戊辰《ぼしん》戦争終結後、桂は本当に峰に求婚した。諸事情によって結婚にはいたらなかったが、その後、桂は大八の嫡男雄夫を東京の屋敷に呼び寄せ、勉学の世話をしている。

結局、大八は自殺しなかった。奥羽越列藩同盟の盟主である米沢藩に赴いて官軍に抗する愚かさを説こうとしたのである。たったひとりである。しかしながら、途中の山形城下で山形藩兵に見咎《みとが》められ、誰何《すいか》された。

「天童藩の吉田大八である」

大八は堂々と答えた。もはや逃げも隠れもしなかった。藩兵のあいだから、どよめきが起こった。大八がどういう人間かを知っていたからだ。すぐに身柄が拘束され、仙台藩、米沢藩、山形藩の重臣らによって取り調べがおこなわれた。このとき、大八は臆することなく勤王の志を述べ、時勢に逆行する東北諸藩の愚行を理路整然と批判したという。六月、取調官は庄内藩の引き渡し要求を却下し、大八の身柄を天童藩に移し、処分を一任した。せめてもの武士の情けだろう。帰藩の折、大八は米沢藩に、次のような嘆願書を差し出している。

「私が没したあとは天童藩の不義の名を除いていただき、わが藩をどうか引き立ててください」

自分のために天童藩が窮地に陥ってしまうことが、いちばんの心残りだったのだ。六月十七日、大八は囚人籠に乗せられて故郷に戻ってきた。馬上、新政府軍を率いてお国入りしたのは、わずか三カ月前の出来事だった。夢のごとき過去であった。翌日、藩主信敏は大八に切腹を命じた。しかたのない措置だった。夕刻、大八は切腹して果てた。まだ三十七歳の壮年だった。


死に際して、大八は家族に遺書を書いた。そのうち、息子には、

「おまえが大人になったら、私の志を知ってほしい」

と記した。逆賊として生を終えることが、よほど無念であったのだろう。哀れである。

八月十五日、列藩同盟の盟主仙台藩が官軍に降《くだ》った。九月二十日、会津藩も屈した。

それから三日後、天童藩も降伏した。

あと三カ月、いや二カ月、天が彼に時間を与えたなら、おそらく大八は生き長らえて世に出、桂太郎とともに明治国家の支柱となりえたであろう。

吉田大八という人の生涯をたどるとき、日本史は惜しい人物をムダ死にさせてしまったと、つくづく残念に思えてくる。

いずれにせよ、こうした例から見てわかるとおり、会津、庄内、米沢、仙台といった主戦派の大藩は弱い藩や勤王に傾く藩をかなり強引に脅しつけて仲間に引き込んでいたこと

がわかるだろう。そして、そうした大藩によって、多くの小藩に悲劇が起こっているのである。

何が正義か悪かというのは簡単に決められることではないし、そうした判断を超えて歴史を鳥瞰《ちょうかん》することも重要なのではないかと私は思っている。

異説 7 奇兵隊の本当の敵は幕府ではなく長州藩だった!?

明治維新の陰の立て役者「草莽」とは

嘉永《かえい》六年（一八五三）、マシュー・ペリーの黒船《くろふね》が浦賀《うらが》に来航したことを江戸《えど》で知った吉田松陰《よしだしょういん》は、ただちに浦賀に向かい、みずからその目で黒船を確認している。

兵学者だったこともあり、アメリカ船の構造や大砲の数を見た松陰は、もし戦うことになったら「船も砲も敵《てき》せず、勝算甚《はなは》だ少なく候」（道家龍助宛書簡、嘉永六年六月六日）と正直な感想を漏らし、「何分《なにぶん》太平を頼み、余り腹づつみを打ちおると、事ここに至り、大狼狽《ろうばい》の体《てい》、憐《あわ》れむべし、憐れむべし」と自嘲している。ただ、この敗北によって「日本武士」の面目は失われるかもしれないが、褌《ふんどし》を締め直すいい機会であり、「賀《が》すべきも亦《また》大なり」とあるように、祝福すべきだと述べている。そして、次にペリーが来たら「そのときは日本刀の切れ味を見せたいものだ」と勇ましく語っている。

ところが、幕府はペリーと戦わずに大統領の国書を受け取り、翌年にペリーが再来すると、あっけなく日米和親条約を結んで開国してしまったのである。

いずれにせよ、この時期の松陰は自分たちが「日本武士」であることに誇りを持ち、武士だけが列強の侵略から祖国を守ることができると信じていた。

しかし、晩年になると、松下村塾《しょうかそんじゅく》で身分の区別なく教育にあたってきた経験と、長州藩《ちょうしゅう》士に対する失望から、「天皇のもとに万民は平等であり、頼るべきは名もなき在野の草莽《そうもう》が立ち上がることである」とする「草莽崛起《くっき》」論に到達する。

草莽とは農民や商人、博徒《ばくと》や学者、郷士や浪士、神官など、正規の武士以外で志を有する者たちを指している。

この草莽崛起という考え方は、松陰が安政《あんせい》の大獄《たいごく》で刑死したのち、門弟たちに受け継がれていった。たとえば、松陰の妹ふみを妻としていた久坂玄瑞《くさかげんずい》は土佐《とさ》藩の武市半平太《たけちはんぺいた》に宛てた手紙のなかに、

「諸侯（諸大名）恃《たの》む（頼む）に足らず、公卿《くぎょう》恃むに足らず、草莽の志士糾合義挙の外《ほか》にはとても策無きの事と、私共同志中申し合わせ候事に御座候。失敬ながら尊藩（土佐藩）も弊藩（長州藩）も滅亡しても大義なれば苦しからず、両藩共存し候とも恐れ多くも皇統

綿々万乗《よろず》る君の御叡慮《ごえいりょ》相貫き申さずては、神州（日本）に衣食する甲斐《かい》はこれ無きかと、友人共申し居《お》り候事に御坐候《ござ》」

と認めている。これを意訳すると、

「大名《だいみょう》や公家《くげ》などは頼りにならないから、草莽の志士を集めて決起するほかないと、仲間たちと申し合わせている。失礼ながら、大義のためなら藩（主家）などつぶれてしまってもいいではないか。列強を追い払えという天皇の叡慮が貫けないのなら、日本で暮らしている甲斐などないのだから」

という意味になる。

「藩など滅亡してもかまわない」というのは驚くべき思想だが、このように、久坂はすでに藩を超えて集まった草莽による決起を思い描いていることがわかる。

ちなみに、久坂からこの手紙を受け取って武市に渡したのは坂本龍馬《さかもとりょうま》である。龍馬は久坂から同じ話を聞いて衝撃を受けたのか、それから数カ月後に脱藩してしまっている。そして、日本の海軍をつくるという夢を実現すべく、幕府の海軍を統括する勝海舟《かつかいしゅう》のもとに弟子入りしているのだ。

❖「草莽」を組織化した高杉晋作

残念ながら、久坂は禁門《きんもん》の変《へん》で命を落としてしまうが、草莽崛起を具体的な「かたち」にしたのが同じ松陰門下の高杉晋作《たかすぎしんさく》だった。

——文久《ぶんきゅう》三年（一八六三）五月十日、長州藩は「攘夷《じょうい》を決行せよ」という幕府の方針を受け、下関《しものせき》を通過する外国船を次々に砲撃した。しかし、翌月にはアメリカやフランスの軍艦や陸戦隊の報復を受け、あっけなく船を沈められたり、砲台を占拠されたりしてしまった。

こうした状況のなか、藩主毛利《もうり》敬親《たかちか》は高杉晋作を呼び出し、「おまえに何か策があるか」と問うた。

すると、高杉は「下関のことは私にお任せいただきたい。私に一策があります。有志の士を募り、一隊を創設するのです」と答えたので、敬親は高杉に下関の防備を一任した。

高杉はただちに下関に入り、入江《いりえ》九一《くいち》、河上《かわかみ》弥一《やいち》、宮口清吉、坂本力二ら同志と相談のうえ、同年六月八日に奇兵隊《きへいたい》を結成したのである。

奇兵とは長州藩の正規軍（正兵）に対して、そうではないことを強調した言葉。寡兵で敵を急襲できる神出鬼没の非正規軍（奇兵）をつくろうとしたのである。

奇兵隊の結成綱領を見ると、その性格がよくわかる。

「奇兵隊之《の》儀は有志之者相集候儀に付、藩士・陪臣《ばいしん》・雑卒《ざっそつ》を不選、同様に相交り、当分力量を蓄《たくわ》ひ、堅固之隊、相調可申可と奉存候《ぞんじたてまつり》」[21]

このように、奇兵隊は志ある者たちが陪臣、雑卒（農民、町人）、藩士など身分に関係なく交わり、実力を尊ぶ堅固な混成軍という前例のない組織であった。

まさに吉田松陰が理想とした、志でつながる草莽たちの集団であった。

奇兵隊が産声《うぶごえ》を上げた場所は下関の白石《しらいし》邸である。当主の白石正一郎《しょういちろう》も武士ではなく商人、すなわち草莽だった。下関の竹崎《たけざき》を拠点とする廻船問屋で、父の卯兵衛《うへえ》は地域の大庄屋《しょうや》も兼ねる豪商だった。

正一郎は鈴木重胤《すずきしげたね》から国学を学び、尊攘活動に理解を示して志士たちを支援するようになり、西郷隆盛《さいごうたかもり》、大久保利通《おおくぼとしみち》、坂本龍馬も一時、白石邸にやっかいになっている。

そのため、正一郎は高杉の考えに共鳴し、みずからも一隊士となり、奇兵隊の会計方として、隊の活動費のみならず、隊士の生活費も面倒を見たのである。

奇兵隊の身分の構成は武士が半数、農民は四割、そのほか商人や僧侶、漁師などだった。ただ、武士といっても下級武士、農民といっても食いつめの次男や三男が大半だったから、遊興費まで正一郎にせびったようだ。このため、奇兵隊結成からわずか一年で白石家の財産は底をつき、商取引をおこなう資金もなくなってしまう。

驚いた高杉は慶応《けいおう》元年（一八六五）八月、藩の実力者木戸孝允《きどたかよし》に「白石邸を千五百両で買い取るよう働きかけてほしい。正一郎のような正義の士を助けなければ、今後は農民や町人から同じような志士は出てこなくなる」と嘆願している。だが、長州藩にも金銭的な余裕はなく、木戸はその依頼を黙殺した。

いずれにせよ、損得を度外視して支援する正一郎のような草莽によって、奇兵隊は支えられていたのである。

なぜ、幕末の農民たちは武器を手にとったのか

——これより二百数十年前、豊臣秀吉《とよとみひでよし》は兵農分離を完成させた。以後、戦いは武士だけの専売特許となった。なのに、なぜ、この時期に農民や町人といった草莽が武器をとるようになったのだろうか。

佛教《ぶっきょう》大学歴史学部教授の青山忠正《あおやまただまさ》氏は、その著書『明治維新史という冒険』[22]で、その理由をおおよそ次のように述べている。

戦国時代が終わり、完全に大名同士の争いのない元禄期《げんろくき》（十七世紀末）になると、武士は行政を担当する役人となり、各藩には戦闘組織は設けられているものの、現実のそれとは完全に別ものになった。しかも、家臣間は家格と禄高《ろくだか》が細かく分かれるようになる。

そうしたなか、十八世紀後半になると、ヨーロッパ諸国は科学技術の発達により、高性能の大砲や小銃を使いこなす新たな軍事力を持つようになった。

日本もこれに対抗するため、小銃を装備した兵を中核とする軍事力をつくる必要に迫られた。しかし、ヨーロッパの軍は大名家臣団の編成とはまったく異質の組織原理に立っている。

というのは、小銃兵は組織内で平等な身分でなければならず、そうした平等集団を有能な少数の士官が統制する形式で隊が編成されていたからだ。

つまり、家格と禄高を基準とする武士の格付けは、洋式歩兵軍を創設するのに大きな障害になったのである。

一方で、「奇兵隊は出身身分に関わらない、武士農商混成の軍隊である。したがって家格や禄高は最初から関係が無く、士官・兵とも個人として、能力次第で任用される」「それが軍事力として有効だったのは、下級武士や農民町人の革新的エネルギーを吸収したからというより、組織原理が近代的軍事力としてのそれに適合していたからである」[22]。

このように、青山氏は、奇兵隊は組織原理がヨーロッパの近代的軍事力に適合していたゆえに有効に機能したのだと述べている。

奇兵隊に続き、長州藩では士庶混成による軍隊が次々に生まれ、これらは一括して諸隊と総称された。諸隊は長州征討、鳥羽《とば》・伏見《ふしみ》の戦い、それに続く戊辰《ぼしん》戦争と、いずれもずば抜けた強さを見せ、多大な軍功を上げた。

奇兵隊が誕生したのと同じころ、幕府では安政の大獄で弾圧された一橋《ひとつばし》派が復活し、文久の改革がおこなわれていた。

研究者の藤田英昭《ふじたひであき》氏は、「文久改革による人材登用・言路洞開《げんろどうかい》および公議尊重路線は、下級武士や浪士・豪農などの草莽層に攘夷《じょうい》実現の期待感を抱かせただけではなく、彼らの制約的な国事参加への道を切り開いたことでも画期的であった」[23]と述べており、幕府の政策が、草莽が力を伸ばすひとつの画期であったとする。

そして、草莽の「国事参加」の象徴的な事例として、将軍家茂《いえもち》の上洛《じょうらく》にあたり、これを警固するために組織された浪士組《ろうしぐみ》を挙げている。

浪士組の一部は京都に残留し、近藤勇《こんどういさみ》らが新選組《しんせんぐみ》として京都の治安維持に活躍した。そう、新選組というのは草莽の代表例なのだ。

藩に利用された草莽集団

奇兵隊の存在を世に知らしめたのは第二次長州征討であった。

先の青山氏は奇兵隊を含む「諸隊は、散開と小銃射撃を基本とする散兵戦術を採り、隊編成が進んでいない征長軍部隊を各戦線で圧倒した。その実績は、全国の大名家が軍事力として諸隊を編成する最終的なきっかけとなった」「その学習を経た後の戊辰戦争において、参戦した大名の軍は、すべて『大隊』・『小隊』などの軍隊区分を持った諸隊組織となっていた」[22]と論じている。

このように、草莽の奇兵隊の活躍が、わが国の軍隊のあり方、ひいては戦争のかたちを大きく変えたというのである。

青山氏の言葉を借りれば、「家格と禄高を基準として大名家臣団に編成されていた武士身分は、国家レベルの軍隊を生み出すためには、もはや邪魔者でしかな」[22]くなったわけだ。

こうして迎えた明治元年（慶応四年、一八六八）正月、鳥羽・伏見の戦いから始まった戊辰戦争では各藩で無数といえるほどの草莽隊が生まれていった。

とくに朝敵とされた庄内藩《しょうないはん》では兵士四千五百人のうち、なんと二千人以上が農民や町人だったといわれる。

明治二年（一八六九）五月、榎本武揚《えのもとたけあき》ら旧幕府脱走軍がこもる箱館五稜郭《はこだてごりょうかく》が落ちたことで戊辰戦争は終わりを告げ、奇兵隊をはじめとする諸隊は故郷の長州に続々と凱旋していった。

隊士たちは己の命をなげうって戦った。だから、薩長を中心とする新政府が確立したいま、当然、自分たちは大いに報いてもらえるものと信じて疑わなかった。ところが、である。政府の恩賞は上級幹部にかぎられ、平《ひら》隊士を待ち受けていたものは、なんと藩による人員整理だったのだ。

戦いで身体が不自由になった者、四十歳を超えた者は、わずかな報奨金と引き替えに除隊が命じられた。また、ささいな隊規違反を理由に、帰藩後に多くの隊士が職を免じられた。じつは、戊辰戦争中、諸隊は五千を超えるまでに膨張しており、戦いが終結したいま、彼らの存在は長州藩にとって経済的な負担でしかなかったのだ。しかも、彼らは強大な軍事力であり、そのままにしておいては長州藩にとって危険でもあった。

これは、各藩の草莽隊も同様だった。

先の藤田氏は当初、朝廷の実力者岩倉具視《いわくらともみ》が草莽の志士たちを「命を捨てて義をとる草莽の志士は西洋や中国では育成することができない、日本固有の存在である」と高く評価していたことを指摘する。

しかし、慶応二年（一八六六）以後、岩倉は「草莽の志士は制御しがたい存在と評し、尊王を掲げているため、朝廷においては『愛憐《あいれん》』すべき存在であるが、多くの者は直情径行で激論家が多い」と述べ、「事をなすにも現実を見ないで理想論ばかりを振りかざ」すので、今後は功績があれば賞すとともに、命《めい》に背いたら罰すべきだと「草莽の評価を後退させている」[23]ことを指摘する。

戊辰戦争後、新政府は草莽で組織された「親兵《しんぺい》」の整理に着手し始めるが、それは「彼らが攘夷主義を堅持し続け、政府の意向に沿わなかっただけではなく、諸藩の俸禄《ほうろく》で賄われていた藩兵とくらべ、親兵は政府が給与を支給しなければならない存在で、経済的にも負担も大きかったことも要因の一つであった。そのため軍務官権判事の井田譲《いだゆずる》のように、親兵を二条《にじょう》城に集め一撃抹殺を主張する暴論も提出された」[23]というから驚く。

いずれにせよ、諸藩や新政府にとって、戦後の草莽隊はお荷物になったのである。

長州藩に刃を向けた奇兵隊

長州藩の首脳部は諸隊の献上を新政府に申請したが、いま述べたように、新政府も親兵の整理に乗り出しており、最終的に認められた数はわずか千五百名にすぎなかった。このため、明治二年（一八六九）十一月、長州藩は奇兵隊ら諸隊を精選して常備兵四大隊とし、余剰人員の任を解くと発表した。

しかも、武士出身者や幹部が優先的に選抜されたため、選に漏れた農家の次男、三男隊士は激怒した。だって、故郷に戻っても田畑がないので、職を失えば明日の糧《かて》にも困ることになるからだ。

ここにおいて隊士たちの不満が爆発。十二月になると多くの者が山口（山口市）の駐屯地から脱走、やがて南下して宮市《みやいち》や三田尻《みたじり》（ともに防府《ほうふ》市）に集まり、その数は二千人にふくれあがったのである。

宮市は山陽道《さんようどう》の宿場町であり、防府天満宮《てんまんぐう》の宮前町としても栄えてきた。一方、三田尻は藩内一の軍港であった。つまり、脱走諸隊は山口藩庁（政事堂）に通じる陸海の要衝地を押さえたのである。

さらに、彼らは主な関所を占拠したうえで、山口から勝間《かつま》（防府市）にいたる重要な地点に十八カ所もの砲台を構築する。幾多の修羅場をくぐり抜けてきた、まさに手練《てだ》れ部隊の早業であった。

このまさかの事態に、長州藩の高官たちは哀れなほど狼狽《ろうばい》した。木戸孝允、広沢真臣《ひろさわさねおみ》、井上馨《いのうえかおる》といった藩の首脳は新政府の重職として東京におり、地元に残っていたのは指導力を持たない凡人が多かった。このため、山口藩庁は蜂起した脱走兵に対して説得による慰撫《いぶ》を決めた。こうして、山口藩知事である毛利元徳《もうりもとのり》がみずから三田尻方面に出向いて、

「鎮静の上は、強いて叱《しか》り等申しつけ候儀はこれ無き事につき、この段安心せしむべき事」

と述べ、彼らの行為を不問に付す約束したのである。

すると、脱走軍は藩庁の弱腰に気をよくし、帰還する条件として次の要求を突きつけたのである。

一、解雇した戦傷者や老兵に十分な生活の保障せよ。

一、不正をしている三浦五郎、名島小々男、木梨精一《きなしせいいち》ら数十名の諸隊幹部を斬首や永牢《ながろう》、免官など厳罰処分にしろ。

一、毛利親信《もうりちかのぶ》、野村素介《のむらもとすけ》、松原音三ら有為な人材を長州藩の重職に抜擢《ばってき》せよ。
一、国体を軽んじる洋化政策をやめよ。

藩庁はこの要求に屈し、解雇兵への保障を約束し、諸隊の推薦者を登用し、不正幹部に指名された者の免職や謹慎を申し渡した。これにより、脱走兵の興奮はある程度は鎮静化したものの、その後も幹部への処罰が甘いといって山口へは帰ろうとしなかった。

――十二月十九日に突如、美祢《みね》郡岩永《いわなが》村（現美祢市）で農民一揆《いっき》が勃発する。

これは、村役人の不正や長雨による凶作が直接の引き金だったが、新政府になっても生活が楽にならないという不満が遠因にあった。

美祢郡の一揆は厚狭《あさ》郡や熊毛《くまげ》郡など周辺に飛び火し、さらに長州藩が管轄する石見《いわみ》国大《おお》森《もり》県など藩全域へと広がり、ついに内乱の様相を呈し始めた。

美祢郡一揆の首謀者は来島周蔵《きじましゅうぞう》といったが、この男は奇兵隊の脱走隊士であった。じつは一揆を煽動《せんどう》して拡大させたのは脱走諸隊のしわざだったのである。隊士たちは、「藩の政権を奪取した暁にはおまえたちの年貢をすべて免除する」と各村の農民に触れまわったのである。

脱走隊士の大半が農民出身ゆえ、本気でそう考えていたのかもしれないが、いずれにせよ、脱走諸隊による策謀によって、長州藩は内乱状態に陥ったのだ。

さらに、脱走隊士の暗躍は藩内にとどまらなかった。全国各地に密使を派遣し、新政府に不満を持つ草莽たちを糾合し、新政府を打倒して新たな政権の樹立を夢見たのである。

そのため、翌明治三年（一八七〇）一月に入っても、奇兵隊ら諸隊脱走軍は三田尻に滞留を続け、長州藩内の混乱をいいことに、諸隊幹部らの即時処罰を強く主張した。そのうえ、新たに草莽から募兵して勢力を増強し、藩庁を威嚇《いかく》するようになった。

郷里の事態を聞きつけて東京から帰藩した木戸孝允は、ここまで事態が深刻化している現状を知って仰天した。山口の藩庁にとどまるのは危険と判断した木戸は長府《ちょうふ》（下関市）に移り、ここで諸隊脱走軍鎮静化の指揮をとることにした。

木戸孝允の勘は当たった。一月二十一日、諸隊脱走軍がにわかに山口へと押し寄せて藩庁を包囲したのである。

これは、藩首脳部が藩庁の警固《けいご》のためだといって干城隊《かんじょうたい》（一部）を呼び寄せたからだった。干城隊は長州藩士で構成された正規軍だった。諸隊脱走兵士たちはこの動きを「山口藩知事毛利元徳を山口から萩《はぎ》へ移すための策略である」と勘繰って、こうした行動に出たのだという。

翌日、諸隊脱走軍のうち四十名が長州藩庁の表門を突き破って館内に乱入し、藩首脳部たちに不正幹部の処刑を強要したのである。さらに、数十台の砲門を藩の庁舎に向け、二十六日になると完全に人の出入りを封鎖して糧道《りょうどう》を断ったのだった。

これは、完全なる反乱だといえる。

◆◆◆――薩摩藩の支援を断った木戸孝允

この長州藩の一大事を知って、西郷隆盛や大久保利通、黒田清隆《くろだきよたか》など薩摩藩の実力者が相次いで長州に来航し、さらに諸藩からも助力の申し出が殺到した。また、新政府も援軍の派遣を真剣に検討し始めた。

しかし、木戸孝允は他藩の力を借りてしまっては新政府における長州閥の力は失墜すると考え、長州藩の全兵力をもって、速やかに諸隊脱走軍を壊滅する決意をしたのである。

こうして二月八日、木戸は藩の正規軍、諸隊から精選した常備兵、長州の四支藩の藩兵を三軍に分け、小郡《おごおり》口（山口市）、山之井《やまのい》口（山陽小野田市山野井《さんようおのだしやまのい》）、勝坂《かつさか》口（防府市）の三方から、いっせいに山口に進軍させた。

第一軍については木戸がみずから指揮し、柳井田《やないだ》（山口市下郷《しもごう》）での激戦の末、いったん諸隊脱走軍を退けた。ところが、敵も歴戦の兵である。すぐに木戸ら第一軍は脱走軍の逆襲を受け、いったん本陣を捨てて三田尻方面に退却せざるをえなくなった。

しかし、その後、援軍と合流した第一軍は再び反転して敵と衝突。ついに脱走軍を山口に潰走《かいそう》させた。この戦いでは、なんと約七万発以上もの弾薬が費やされたといわれ、中領《なかりょう》八幡宮《はちまんぐう》の土塀には、いまも当時の弾痕が生々しく残る。

ほかの正規軍も各地で諸隊脱走軍を破り、ついに山口に突入した。

これにより、反乱勢力は壊滅し、諸隊脱走兵のクーデターは完璧に鎮圧されたのである。翌九日、脱走兵たちは武装解除させられ、数百名が捕縛された。鎮圧側の戦死者は二十一名、負傷者は六十四名であった。他方、反乱側の戦死者はおよそ六十名、負傷者は七十名を数えた。

鎮圧軍の戦死者の大半は常備兵第四大隊だった。つまり、かつての仲間同士が敵味方に分かれて殺し合ったわけだ。

二月半ばに下関に薩摩藩の援軍が到着。同月二十八日には新政府から派遣された宣撫使《せんぶし》徳大寺実則《とくだいじさねつね》も百五十名を率いて三田尻に来着した。

もし反乱軍の鎮圧が少しでも遅れていたら、その助力を受けることになり、新政府における長州勢力は失墜したはず。まさに間一髪の差であった。

反乱の首謀者に対する処分は厳しいもので、三十五名が山口郊外の柊《ひいらぎ》刑場（山口市小《お》鯖《さば》）で処刑された。獄舎から出された彼らは松の古木に荒縄でくくりつけられ、一人ひとり順番に首を落とされていった。処刑時には断末魔を消すために長々とラッパが吹かれたという。

刑死者はみな、幕末から維新にかけて長州のために必死に戦った勇者たちだった。彼らの流す血潮で近くの小川は真っ赤に染まったと伝えられる。それは桃の花弁が風に流れる春三月のことであったと、かつて反乱軍に参加した橋本亀十郎という老人が『閑居録』と名づけた回想録で語っている。

遺体はすべて無造作に刑場脇の井戸に投げ捨てられた。その古井戸はいまでも供養塔の脇で暗い口をのぞかせている。

「脱隊卒（兵）は、草の間まで詮議いたし候覚悟と申し居《お》り候」[24]

右は残党狩りの責任者の杉孫七郎《すぎまごしちろう》が木戸孝允に送った書簡の一節である。山口から逃亡した諸隊残党の探索はこのような決意のもとで執拗《しつよう》におこなわれ、結果、諸国に放たれた追っ手によって多数の残党が捕らえられ、最終的に百三十三名の脱走兵が斬首や梟首《きょうしゅ》（さらし首）に処された。処刑は見せしめとして、わざわざ死刑囚の故郷で決行されたという。その家族や朋友は、どのような思いでむごい刑の執行を見たのであろう。

歴史の陰に葬られた草莽たちのその後

――諸隊反乱の記憶が政府実力者の脳裏から薄れかけた明治五年（一八七一）秋、長州吉敷《よしき》郡恒富《つねとみ》村（山口市平川《ひらかわ》）から鋳銭司《すぜんじ》（山口市）に向かう鎧《よろい》ヶ垰《がだお》で、まことに不可思議な現象が起こった。峠に立つ小さな墓碑に、

「蟻《あり》のごとく集まり、蜂のごとく散じ、日々千万をもって数ふるに至れり」

とあるように、庶民が群がり始めたのである。この石碑に願いごとをすれば必ずかなうといううわさが広がったからだ。

そこで、山口県では次のような布達を出して、墓碑への参詣を厳禁した。

「近頃、鎧ヶ垰なる或《あ》る墓によりて幸福を祈る者あり。始めわずかに三、四人なりしも、追々遠近より聞き伝えて群集する由。こは何事ぞや。元来、この墓の下に埋め、これある者は、去年の春、国の掟《おきて》を背きし天罰の身に報いてここに倒れたる罪人なり」

墓は藤山佐熊《ふじやますけくま》という戦死した脱走諸隊兵のものであった。諸隊がここに在陣した折、医師だった佐熊は親切に村人の病を看《み》てやったという。墓標はその村人たちによって建立《こんりゅう》された。

墓は「隊中様《たいちゅうさま》」と呼ばれて親しまれ、布達後も参拝者がやむことはなく、いまでも花や供物《くもつ》が絶えることはない。この現象から、私たちは長州の庶民がこの反乱をどのように捉えていたかを知ることができる。

——伊藤博文《いとうひろぶみ》、山県有朋《やまがたありとも》、井上馨、品川弥二郎《しながわやじろう》、山田顕義《やまだあきよし》、寺内正毅《てらうちまさたけ》、桂太郎《かつらたろう》……。

右は明治政府の閣僚を歴任した長州藩の元勲《げんくん》たちである。この人びとは、いずれも諸隊出身者だった。すなわち、近代日本は草莽の思想を受け継ぐ人びとによってかたちづくられたともいえる。

しかしながら、いま見てきたとおり、一方において、元勲たちとともに奮戦しながらも報われず、使い捨てられ、むなしく散っていった草莽たちがいたのである。

さて、奇兵隊を支えた白石正一郎のその後である。

正一郎は第二次長州征討が始まると、五十代の半ばを過ぎていながら、郷土防衛のために奇兵隊の一隊士として戦場に入った。しかし、戊辰戦争には参加しなかった。

明治になってから、奇兵隊の参謀福田侠平《ふくだきょうへい》が正一郎に上京を求めたが、彼はこれを固辞して受けなかった。

新政府をつくったのは西郷隆盛、大久保利通、木戸孝允など、その多くが正一郎に世話になった者たちであった。だから、上京すれば、商人として落ちぶれていたとはいえ、快く政府の官吏に採用してくれたはず。

しかし、正一郎は出仕《しゅっし》しなかった。その理由は判然としない。世話はしても世話になるまいとする正一郎の意地だったのか。あるいは、老年ゆえ、富や名誉に未練はなく、残りの人生を静かに暮らしたいと思ったのか。ともあれ、維新後はまったく志士たちとの交流を絶ってしまったのである。

また、正一郎が奇兵隊の反乱をどのような思いをもって眺めていたのかも、いっさい記録に残っていない。

明治十年（一八七七）十二月、正一郎は地元赤間宮《あかまぐう》の宮司《ぐうじ》となり、それから二年後の明治十三年（一八八〇）八月十一日に六十九歳の生涯を閉じた。

幕末という激動期のなかで、これまで力を持たなかった草莽がにわかに大きな軍事力となって明治維新に多大な貢献をした。しかし、「狡兎《こうと》死して走狗《そうく》烹《に》らる」のたとえがあるとおり、戊辰戦争が終わって新政府の武力平定がすむと、容赦なく捨てられてしまったのである。

彼らが再び力を持ち始めるのは、それから十年後の、自由民権運動を待たなくてはならない。

異説8 維新史のカギを握っていたのは女性たちの思いだった!?

桂小五郎を長州に連れ戻した幾松

「拙義共報国有志と目かけ婦人しとひ候事筆紙難尽先島原《しまはら》ニ而ハ花君太夫《はなぎみだゆう》、天神、一元、祇園《ぎおん》ニ而ハ所謂《いわゆる》けいこ三人程有之、北野《きたの》ニ而君菊、小楽と申候まひこ、大坂新町《おおさかしんまち》ニ而ハ若鶴太夫、外二三人も有之、北之新地ニ而ハ沢山ニ而筆ニ而ハ難尽、先ハ申入候。報国の心ころをわするゝ婦人哉　歳三如何しき読み違ひ」[25]

これは新選組《しんせんぐみ》副長の土方歳三《ひじかたとしぞう》が文久《ぶんきゅう》三年（一八六三）に地元多摩《たま》（小野路《おのじ》村。現町田《まちだ》市）の小島鹿之助《こじましかのすけ》に宛てた手紙である。ちょっと何が書いてあるかわからないと思う。じつはこれ、女にもてることを自慢しているのである。文中に登場するのはすべて芸妓《げいこ》や舞子の名前だ。

土方には京都の島原に花君太夫というなじみの女がいたほか、さらに数人愛した女たちがいる。驚くのは島原だけではないことだ。祇園や北野、大坂新町など十数人の遊女から言い寄られている。だから、鹿之助に「自分は報国のために上洛《じょうらく》したのに、どう間違ったか、その志を忘れてしまっている」と戯れ、なんと、遊女たちから土方に送られたラブレターの束を自慢げに同封したのである。

写真が残っているので有名だが、土方歳三は苦み走ったイケメンである。女にもてないはずがない。それにしても、もらったラブレターを知人に送るとは、よほどうれしかったのだろう。

このように、幕末の志士たちは頻繁に京都の島原などで遊び、土方ほどではないが、それぞれがなじみの女を持っていた。芸妓たちを正妻に迎えた志士も多い。木戸孝允《きどたかよし》、伊藤《いとう》博文《ひろぶみ》、勝海舟《かつかいしゅう》、陸奥宗光《むつむねみつ》などはその代表例だろう。正妻ではないが、大久保利通《おおくぼとしみち》や久坂玄瑞《くさかげんずい》は芸妓を愛人にして子どもまでつくっている。坂本龍馬《さかもとりょうま》にも長崎にお元《もと》という芸妓の愛人がいたし、高杉晋作《たかすぎしんさく》と連れ添い、その最期を看取《みと》ったのは正妻の雅子《まさこ》ではなく、おうのという愛人で、彼女も芸者だったという。

こうしてあらためて見ると、幕末の志士に芸妓（芸者）が欠かせない存在だったことがわかるだろう。じつは、酒の席で大言壮語する志士たちをさらに持ち上げ、いいに気分して、彼らに大業を成し遂げさせたのは芸妓ではなかったか。そんなふうにも思えてくるのである。

実際に政治活動をしたのが桂小五郎《かつらこごろう》（木戸孝允）の妻になった松子《まつこ》である。幕末は幾松《いくまつ》という芸妓だったが、そんな活躍が称えられて、亡くなるときは国家から正二位の地位を贈られている。

作家の伊藤痴遊《いとうちゆう》は大正年間に桂が幾松に宛てた手紙を実際に目にし、「夫人松子へ送つた書面が、約三十通あまり在つたが、それを読んでみると、恰《ねんごろ》で、長上の婦人へ送る、書面に等しく、芸妓上りの妻に送る、書面としては、余りに丁寧過ぎる位であつたが、そこに、故人の人格の一端は、判然、現はれて居た」[26]と述べており、桂が幾松を敬愛していたことがわかる。

幾松が桂と知り合ったのは文久元年（一八六一）か、その翌年だといわれている。幾松十八歳、桂二十八歳のころだ。だが、愛人になったあとも、桂は別宅に幾松を囲わずに芸妓を続けさせた。密偵としてお座敷に出入りさせ、さまざまな情報を集めるためであった。

京都で朝廷を牛耳っていた長州《ちょうしゅう》藩だったが、禁門《きんもん》の変《へん》で薩摩《さつま》・会津《あいづ》軍と戦って敗れ、朝敵になった。このとき桂は長州軍に投じなかった。死ぬのが怖かったわけではない。ムダ死にするのがいやだったのだろう。その証拠に、長州兵がことごとく国元に逃げ散ったあとも、桂はたったひとり、敵地となった京都に潜んでいたからだ。変後の情勢を把握し、なんとか長州藩のために尽力しようと考えていたのだ。この折、桂は乞食《こじき》や按摩《あんま》に変装して市中を探索して歩いた。そんな桂に、己の命の危険を顧みずに協力したのが幾松だった。彼女は桂を自宅にかくまったり、乞食に変装して二条《にじょう》大橋の下で寝起きしている彼に握り飯を与えたりと、献身的な世話をしている。

一説には、自宅に桂をかくまっているときに新選組の探索を受け、白刃《はくじん》を突きつけられて執拗《しつよう》に桂の居場所を問いつめられたが、多数の荒くれどもを前に、毅然《きぜん》たる態度で知らぬ存ぜぬを押し通したという。

さて、幾松の協力を得て五日間京都に滞留した桂だったが、これ以上、この地に潜むのは危険なので、友人の対馬《つしま》藩士多田《ただ》荘蔵《しょうぞう》の部下広戸《ひろと》甚助《じんすけ》・直蔵《なおぞう》兄弟の協力を得て但馬《たじま》国出石《いずし》（現兵庫県豊岡《とよおか》市）に落ちた。すでに国元の長州では保守派が政権を握り、いま戻れば逮捕されるのは確実な情勢だったので、故郷の地を踏むのは不可能だったのである。

一方、京都の幾松だが、彼女も厳しい監視下に置かれ、ややもすれば拉致《らち》される危険すらあったため、やはり多田によって対馬藩邸にかくまわれ、その後、大坂に一時滞留してから長州藩領の下関《しものせき》に逃れた。

桂は出石において、なんと十三歳の甚助の妹と所帯を持って「広江屋」と称する荒物屋を開き、竹細工《たけざいく》や筵《むしろ》を売る商人になっていたという。

幾松はそうした桂の消息を、たまたま下関で邂逅《かいこう》した甚助から聞いたのである。甚助は桂の命令で伊藤博文に近況を知らせるとともに、長州藩の情報を集めに来たのだった。

ちょうど長州藩では保守派が政権を握り、尊攘《そんじょう》派は逼塞《ひっそく》してしまっていた。だから、伊藤らはどうしても桂の力が必要だったのである。しかし、いくら手紙で桂に帰藩を促しても、桂は戻ってこようとしなかった。このとき、幾松がみずから使者になることを申し出たのである。こうして、下関から甚助とともに出石に向かった幾松だが、思わぬ災難にあってしまう。

甚助が旅費を持って遁走《とんそう》してしまったのである。大坂《おおさか》に滞在したとき、甚助は幾松から半日間の暇《いとま》をもらって賭場《とば》に出かけ、悪気はなかったのだが、負けが込んで旅費まで賭けてしまい、それすらとられて完全に一文なしになったのである。そんなわけで、幾松に会わせる顔がなく、幾松宛てに事情を認《したた》めた手紙を送ると、そのまま逃げてしまったのだ。

幾松はしかたなく、宿屋の主人に頼み込んで、着物一枚だけ残して、すべて自分の品物を売ってお金をつくり、宿銭を払い、残ったお金を節約しつつ、どうにか出石にたどり着いた。

桂は幾松が訪ねてきたので大いに驚き、かつ喜んだという。そして、彼女の依頼により、ついに長州に戻ることを決意したのである。

ちょうど桂が帰国したころ、高杉晋作が藩内でクーデターを起こし、保守派政権は瓦解していた。そこで、桂が藩権力を手中に収め、薩長《さっちょう》同盟を締結し、来攻した幕府軍を敗退させ、ついに世の中を引っくり返していくのである。そういった意味では、幾松の功績は非常に大きいといえるだろう。

明治維新後、幾松は正式に桂の妻となり、名を松子と変えて長州山口の糸米《いとよね》に住んでいた。しかし、明治二年（一八六九）七月に東京に移り、維新の元勲《げんくん》で政府の高官木戸孝允（桂小五郎）夫人として大勢の接客をこなすことになった。その対応ぶりは見事で、賢夫人として称えられた。

木戸は明治四年（一八七一）から岩倉《いわくら》使節団の副使として欧米を長期間歴遊するが、この間、松子はよく留守を預かるとともに、夫の健康を案じる手紙を何度も送っている。明治十年（一八七七）、木戸は四十五歳で死去するが、松子はそれから九年を生き、四十四歳でその生涯を閉じた。

坂本龍馬の妻お龍のさびしい後半生

桂小五郎の危機を救った幾松だが、危機を救ったといえば、坂本龍馬の妻お龍《りょう》がよく知られている。

慶応《けいおう》二年（一八六六）一月二十二日、坂本龍馬の仲介で薩長同盟が成立する。龍馬は翌日の夜、定宿の伏見寺田屋《ふしみてらだや》で長府《ちょうふ》藩の三吉慎蔵《みよししんぞう》と祝杯を上げた。日付が変わり、二十四日午前三時ごろ、まだ起きていた龍馬と慎蔵の部屋に女が素っ裸で飛び込んできた。それがお龍であった。寺田屋で働く龍馬の恋人だった。

このとき、お龍は風呂に入っていたが、外での人の気配に気づいた。よく見ると、刺又《さすまた》や六尺棒などを持って多数の人間が群れている。

「龍馬を捕らえに来た幕吏《ばくり》だ！」

そう直感し、二階の龍馬に知らせようと、風呂場から階段を上って龍馬に伝えたのである。彼女のおかげで龍馬は臨戦態勢を整えることができた。龍馬は高杉晋作から与えられた鉄砲を握りしめ、慎蔵は先日買い求めた短槍《たんそう》をしごいて敵の来襲を待った。やがて、捕り手が屋内に入ってきた。すると、お龍が部屋の襖《ふすま》を次々と外し始めたのである。戦いやすくするためだろう。

「何をしている、バカ者！　端に寄っておれ！」

龍馬にたしなめられ、ようやくその行動をやめたが、なんとも大胆で気の強い女だ。

お龍の父親は楢崎将作《ならざきしょうさく》という京都の医者で、勤王家として知られた人物だったが、文久二年（一八六二）正月に妻子を残して病没してしまう。このため、楢崎家は一家離散となり、お龍の弟は寺の小僧となり、二人の妹は奉公に出た。だが、十三歳の妹はとびきりの美少女だったので、悪いやつらが巧みに母親を騙《だま》して舞子に売られ、十六歳の次女も悪党がうまく母親をいいくるめて大坂に女郎として売り飛ばしてしまったのである。

これを知ったお龍は、なんとしても遊女に転落した妹を取り戻そうと、自分の着物を売り、その金で大坂に下ったという。このときの経緯を龍馬は手紙に認め、姉の乙女《おとめ》にくわしく知らせている。

「（お龍は）その悪者二人を相手に死ぬる覚悟にて、刃物懐にして喧嘩《けんか》致し、とうとうあちのこちのと言いつのりけれバ、悪者腕に彫り物（刺青《いれずみ》）したるを出しかけ、べらぼう口にて脅しかけしに、もとより此《こ》の方ハ死ぬ覚悟なれバ、とびかかりて其《そ》の者（の）胸ぐらつかみ、顔をしたたかに殴りつけ、曰《いわ》く『其の方がだまし大坂につれ下りし妹をかへさずバ、これきりである』と申しければバ、悪者曰く『女の奴《やつ》、殺すぞ』と言いければバ、女曰く『殺せ殺せ、殺されニはるばる大坂ニくだりておる。夫《そ》れハ面白い、殺せ殺せ』と言いけるニ、さすがに殺すというわけニハまいらず、とうとう其の妹受け取り、京の方へ連れ帰りたり。めずらしき事なり」（慶応元年九月九日）

なんとも気丈な女である。

お龍はまた、池田屋《いけだや》事件で龍馬の同志望月亀弥太《もちづききやた》が高瀬川《たかせがわ》沿いで自害して死んだときも、その遺髪を切り取っておこうと、その凄惨な現場に平然と出向いている。

また、これは明治維新後のことであるが、屋敷に強盗に入られた際、大金をやるからといって巧みに強盗をおびき寄せ、油断した隙にいきなり短銃を取り出し、相手に向けて一発ぶっ放している。強盗は度肝を抜かれて、転げるように逃げ去ったという。

とにかく、お龍の剛胆さは比類がない。

明治三十年代前半に雑誌『文庫』に載った「続反魂香《ぞくはんごんこう》」は、海援隊《かいえんたい》士の父を持つ安岡秀《やすおかしゅう》峰《ほう》がお龍自身から龍馬とのことを聞き書きにしたものだ。このなかでお龍は寺田屋事件についで語っているが、このときの彼女の行動は尋常とは思えない。

お龍の証言によれば、風呂に入っているとき、捕り手から肩先に槍《やり》を突きつけられ、「やいお春（お龍の変名）、貴様は坂本等の居る部屋を知って居るだろう。隠すと突き殺すぞ、さあ案内しろ」と怒鳴りつけられたが、「貴郎《あなた》こそ静かになさいよ、そんな大きな声を出して、若《も》し坂本に知れて御覧なさい、用心するじゃありませんか」といい、平然とウソの座敷を教えたという。そして、追っ手が違う座敷に向かった隙に、龍馬に急を告げたというのだ。

なお、お龍は乱闘現場にそのまま居座り、座敷の端で見物していた。龍馬が一発ズドンと短銃をぶっ放すと、驚いてひとりがのけぞり、それに押されてひとりが倒れ、次々と倒れ始めて将棋倒しのようになったと証言している。しかも、これを見たお龍は、なんと腹を抱えて笑ったのである。のちに土佐《とさ》藩士の佐々木高行《ささきたかゆき》はお龍を評して、「同人（龍馬の）妻は、有名なる美人の事なれども、賢夫人なるや否やは知らず、善悪ともに為《な》しかねるように思われたり」と語っている。

ただ、龍馬は姉乙女に「右女（お龍）ハまことに面白き女にて」（慶応元年九月九日付書簡）と認めているので、そうした気丈なお転婆《てんば》が好みだったのだろう。

寺田屋の襲撃事件で龍馬は親指などに深手《ふかで》を負うが、お龍が献身的に看病したことにより、その後、龍馬は彼女をともなって薩摩に向かった。捕吏《ほり》から逃れて療養に専念するためであったが、霧島《きりしま》の山に登ったり、湯に浸かったりと、楽しいひとときを過ごした。この旅行が俗に日本初の新婚旅行と呼ばれている。

その後、龍馬はお龍を正式に妻とするが、慶応三年（一八六七）六月二十四日の乙女宛書簡にも、お龍について、

「私らの妻（お龍）は日々申し聞かせ候ハ、龍馬ハ国家の為《ため》骨身をくだき申すべし。しかれバ此《これ》龍馬をよくいたわりてくれるが国家の為ニて、決して天下の国家のと云《い》うことハいらぬことと申し聞かせ之在り候。それで日々縫い物や張り物致し居《お》り候。その暇ニハ本読むことといたせと申し聞かせ候。この頃ピストルは大分よくうち申し候。誠に妙な女ニて候得ども、私の云うことよく聞き込み又敵を見て白刃を恐そるることを知らぬ者ニて、別に力みハせねども、また一向平生と変わりしことなし。これハおかしきものにて御座候」

と語り、亭主関白なところをちらりと自慢している。

また、お龍の、鉄砲を撃つことを喜び、白刃のなかで物怖《ものお》じしない気丈さを龍馬が愛したことがわかる。

慶応三年（一八六七）十一月十五日、京都近江屋《おうみや》にて龍馬は暗殺された。ここに二人の

結婚生活はわずか一年十カ月ほどで終わりを告げた。お龍は龍馬の死後、その実家坂本家に引き取られることになったが、やがて坂本家から出、龍馬の師、勝海舟の口利きによって横須賀《よこすか》の料亭で仲居として働き、商人の西村松兵衛《にしむらまつべえ》と再婚し、西村ツルと名を改めた。

ただ、晩年は貧しく、大酒を飲んで龍馬のことを自慢し、いまの境遇について愚痴《ぐち》を言い、明治三十九年（一九〇六）、六十六歳でその生涯を終えた。もし龍馬が生きていたら、幾松のような富と名声が得られたかもしれないが、そういった意味では不幸な後半生だったといえるかもしれない。

◆◆―――ふとんの上で惨殺された芹沢鴨の愛妾お梅

ただ、お龍より不幸だった幕末の女性たちはいくらでもいる。

そのひとりがお梅《うめ》だ。お梅は初期のころに新選組局長をしていた芹沢鴨《せりざわかも》の愛妾《あいしょう》である。子母沢寛《しもざわかん》の『新選組遺聞』[27]に載る八木為三郎《やぎためさぶろう》（新選組が屯所としていた八木邸の家族）によると、お梅は二十二、三歳の目元、口元の引き締まった色白の美人で、とても愛嬌《あいきょう》がいいので、新選組隊士たちも「女もあの位別嬪《べっぴん》だと惚れたくなる」[27]と言っていたという。

はじめから芹沢の妾《めかけ》であったのではない。もともと島原のお茶屋にいたが、その後、太《ふと》物《もの》問屋菱《ひし》屋《や》の妾になった。彼女が屯所の八木邸によくやってきたのは芹沢から借金を取り立てるためだった。菱屋から着物などを買ってもなかなか払わず、番頭が取り立てに行くと脅してくる。そこで、お梅を遣わして徴収しようというわけだった。芹沢はお梅を何度か追い返したものの、隙を見て強姦《ごうかん》したというのだ。ところが、「お梅も最初の中《うち》は嫌っていたようですが、妙なもので、段々自分の方から主人の隙を忍んで通って来るというような始末」[27]ということで、いつしか芹沢の愛人となったのだった。

ただ、芹沢の素行があまりにも悪いので、新選組を預かっている会津藩は近藤勇《こんどういさみ》や土方歳三らに、ひそかに芹沢の暗殺を示唆したという。

当日、芹沢は近藤勇ら新選組幹部と昼間から島原の角家《すみや》で酒宴を開き、夕方の六時ごろには酔っ払いつつ、子分の平山五郎《ひらやまごろう》や平間重助《ひらまじゅうすけ》とともに席を立ち、駕籠《かご》で店を出た。嫌疑がおよばないよう、近藤はそのまま店に居続け、土方がしばらくして数名とひそかに角屋を脱した。

八木邸に戻った芹沢は、お梅を呼んで平山と平間を相手に飲み直した。平山はこの席に島原桔梗屋《ききょうや》のお栄《えい》を、平間は島原輪違屋《わちがいや》の糸里《いとさと》をともなっていたという。やがて屋内は酒池肉林となり、ことを終えた芹沢たちは倒れ込むようにして寝入ってしまった。

刺客《しかく》は土方歳三、沖田総司《おきたそうじ》、山南敬助《やまなみけいすけ》、原田左之助《はらださのすけ》の四人（異説あり）で、犯行は一瞬のあいだになされた。土方と沖田は芹沢を、山南と原田は平山を標的とした。平山は首を斬られて即死した。このとき、お栄は便所にいて無事だった。芹沢は寝ている上にいきなり屏風《びょうぶ》をかぶせられ、何度も上から刀を突き立てられたが、渾身《こんしん》の力でそれを払いのけ、すぐ後ろにあった刀をとって鞘《さや》を払い、それをめちゃくちゃに振り回した。そして、深手を負いながらも刺客がひるんだ隙に縁側から隣室に逃げ込んだ。ただ、転倒してしまい、そこに刺客らの太刀が殺到し、めった切りにされて芹沢は絶命した。

芹沢と同衾《どうきん》していたお梅はふとんのなかですでにこと切れていたという。その遺体については、為三郎が次のように回想している。

「何処《どこ》を斬られたのか顔も髪も、ごたごたになる程の血だらけになって死んでいます。みんな、『首がもげそうだ、動かすな動かすな』などといっていましたから、首をやられたのでしょう。後に落着いてからも、一太刀で首を皮一枚残す位に斬られていたとの話でした。女ですからまことに見苦しい死態《しにざま》で、それに、湯文字たった一枚の、これもまた真ッ裸なのです」[27]

哀れな最期である。しかも、お梅については死んだあとの引き取り手がなくて困った。新選組ではもちろん引き取るつもりはないし、菱屋のほうでも、すでにお梅のほうから芹沢の妻になるからといって暇《いとま》をくれというので暇を出したので関係がないと引き取りを拒んだのである。そこで、芹沢と一緒に埋めてやろうという意見も出たが、近藤が「苟《いやし》くも芹沢先生は新選組局長、時あれば大名公卿《くぎょう》の貴女をも妻とすべき身分である、かかる氏素《うじす》性《じょう》も知れない売女《ばいた》と合葬は出来ない」[27]と反対したので、それもできなくなり、数日間遺体は放置され、ようやくお梅の実家が西陣《にしじん》にあることがわかり、この家が彼女の亡骸《なきがら》を引き取っていった。このとき、遺体はすでに腐敗臭を放っていたという。なんとも哀れな女性である。

徳川家存続のために和解した天璋院篤姫と和宮

大河ドラマで一躍有名になった将軍徳川家定《とくがわいえさだ》の正室天璋院篤姫《てんしょういんあつひめ》。彼女は薩摩藩の島津《しまづ》一族である。薩摩藩主島津斉彬《なりあきら》の求めによっていったん斉彬の養女となり、さらに公家《くげ》の近《この》衛《え》家の養女となって将軍家に輿入《こしい》れしたのである。

ただ、夫の将軍家定は三十代前半だったが、病弱なうえ、女性と性交渉が持てなかった。

このため、篤姫が輿入れしてすぐに将軍後継者問題が発生する。

結局、安政《あんせい》五年（一八五八）七月六日、将軍家定は在職わずか五年で病死。篤姫との結婚生活も二年足らずだった。

篤姫は斉彬が推す一橋慶喜《ひとつばしよしのぶ》が将軍になれるよう大奥《おおおく》に対する政治工作を進めたという。だが、紀伊《きい》藩主徳川慶福《よしとみ》を推す南紀《なんき》派の井伊直弼《いいなおすけ》が大老《たいろう》に就任したことで、後継者は十三歳の慶福に決まってしまった。同年、慶福は家茂《いえもち》と名を改め、十四代将軍に就任した。

文久元年（一八六一）、孝明《こうめい》天皇の妹和宮《かずのみや》が家茂に輿入れすることに決まり、翌年二月十一日、将軍家茂と和宮は正式に結婚した。ともに十七歳であった。

こうして大奥は新しい将軍の正妻（御台所《みだいどころ》）を迎えたわけだが、篤姫と和宮とのあいだで確執が起こり、篤姫付の女中と和宮付の女中はそれぞれおよそ三百名近くおり、以後、両派はことごとく対立するようになったといわれている。

文久三年（一八六三）には突如、篤姫が「本丸《ほんまる》から二《に》の丸《まる》に移居する」と和宮側に伝え、驚いた和宮があわてて側近を通じてその行為を思いとどまるよう懇願する一幕もあった。こうした両派の確執は幕府崩壊まで続いていった。

なお、家茂は第二次長州征討の最中、大坂城中において病に陥り、慶応二年（一八六六六）五月十六日、二十一歳の若さで死没してしまう。すると後継者をめぐり、大奥内部ではさっそく亀裂が生じた。

大奥は当時、三派に分かれていた。老女派（佐幕、保守派）と篤姫派（将軍家定の正室、薩摩藩出身）と和宮派（家茂の正室、孝明天皇の妹）である。

篤姫は将軍家茂が大坂に向かう際、「自分にもしものことがあれば、田安亀之助《たやすかめのすけ》（のちの徳川家達《いえさと》）を後継者にしてほしい」という遺言を尊重し、老女派に同調した。対して和宮は慶喜を敬愛している孝明天皇の妹なので、「いまの時勢だと、幼年の亀之助だと心配です。しかるべき、しっかりした人物を将軍にしたほうがいいと思います」と暗に慶喜を推薦したのである。

大奥の戦いはいったん老女・篤姫派に軍配が上がる。和宮が夫家茂の遺命に従うことに同意したからだ。だが、老中《ろうじゅう》の板倉勝静《いたくらかつきよ》の周旋で最終的には慶喜の擁立を決定し、亀之助を慶喜の後嗣《こうし》にすることで老女・篤姫派を納得させ、反対運動は鎮静化した。

ところが、慶喜は難局を乗り切れず、大政奉還によって政権を投げ出し、さらに鳥羽《とば》・伏見《ふしみ》の戦いで敗れると、部下を捨てて江戸に逃げ戻ってしまう。

これを追って新政府軍が襲来し、慶応四年（一八六八）三月、江戸は完全に包囲され、新政府軍は総攻撃の準備を整えた。

ここにおいて、篤姫は意外にも和宮と協力して徳川家存続のために動き始めたのである。和宮は朝廷に対して徳川家の存続を求める嘆願書を認めた。書中で彼女は「もし官軍が江戸城を攻めるのであれば、自分は徳川と命運をともにする」と記したのだ。皇女和宮のいる江戸城を攻撃できるのか、そういう脅しとも受け取れる強い口調であった。

一方、篤姫は新政府軍の最高司令官であった同郷の西郷隆盛《さいごうたかもり》に切々たる嘆願書を差し出した。それは、次のような内容であった。

「徳川家に嫁した以上は、この家の土になるつもりです。もし私が生きているうちに万一のことがあれば、亡き徳川家の人びとに面目がありませんので、ずっと悲嘆しております」

このように、苦衷の胸のうちを訴えたのだ。ただ、敵前逃亡して徳川家を窮地に追い込んだ慶喜については、「慶喜は、どんな罰を受けてもかまわない」と切り捨てたのである。慶喜は将軍在任中に大奥の予算削減を断行したので、大奥女中からは憎まれていた。ただ、篤姫の言葉は、おそらく徳川家を存亡の危機に追い込んだ慶喜に対する憤りから来ているのではないかと思われる。

最終的に官軍の西郷隆盛と幕府の勝海舟の直接会談によって江戸城を無血開城すること

を条件に江戸総攻撃は中止され、徳川家の存続も認められた。だが、この決定の背景には篤姫と和宮の尽力も決して忘れてはならないだろう。

その後、篤姫は江戸城を退去することを拒んだが、海舟の三日がかりの説得により、ようやく城を出て、一橋家の下屋敷《しもやしき》に移った。この折、よほど海舟を気に入ったと見えて、明治の世になってからも両者は親しく交際を続け、ときには連れ立って浅草《あさくさ》や亀戸《かめいど》に遊びに行った。

結局、篤姫は明治十六年(一八八三)まで生きた。維新後は自分の諸道具の多くを側近の者たちに惜しげもなく与えてしまったので、経済的には苦しかったようだが、薩摩藩が援助を申し出ても、自分は徳川の人間だと、申し出を受け入れなかった。彼女は晩年、徳川家を継いだ家達(亀之助)の教育に情熱を捧げた。そして、家達を海外に留学させ、立派な人物に育て上げ、この世を去った。

大河ドラマが描かなかった会津城での山本八重の活躍

篤姫や和宮の活躍によって征討されず、家名が存続した徳川家であったが、朝敵とされて徹底的に攻め込まれた藩がある。会津藩である。藩主の松平容保《まつだいらかたもり》は京都守護職《しゅごしょく》として幕末京都の治安維持にあたったが、新選組や見廻組《みまわりぐみ》が多くの志士を捕殺したことで、倒幕派の志士たちから恨みを買っていた。そのため、いくら新政府に恭順の意を示しても許されなかった。そんなこともあって、会津藩では臨戦態勢を整えていく。

新政府は東北諸藩に会津攻めを命じたが、東北諸藩は「会津藩を許してやってほしい」と嘆願。それが聞き入れられぬとわかるや、仙台《せんだい》藩と米沢《よねざわ》藩が中心となって会津藩を含む東北・北越《ほくえつ》三十一藩が同盟（奥羽越《おううえつ》列藩同盟）を結び、新政府に抵抗を始めた。しかし、重火器の圧倒的差違もあって、同盟軍は各地で敗れ、慶応四年（一八六八）七月二十七日には三春《みはる》藩が新政府軍に降伏し、二本松《にほんまつ》城も落城。八月に入ると、いよいよ会津藩は新政府軍の襲来に備えて各口を固めるようになった。

八月二十一日、新政府軍は母成《ぼなり》峠を撃破して会津領に侵入、二十三日には会津城下に入ってきた。この日、四百六十名あまりの会津藩士が討ち死にし、二百三十名以上の武家の子女や一般庶民が自決したり、戦いに巻き込まれたりして犠牲になったと伝えられる。少年たちで構成された白虎隊《びゃっこたい》の悲劇もあった。

また、女性や高齢者たちは捕虜の恥辱《ちじょく》を受けないために、みずから次々と命を絶っていった。家老《かろう》の西郷頼母《さいごうたのも》の屋敷では女や子どもを中心に一族二十一名がことごとく自刃して果てている。なんとも壮絶である。

ただ、戦う道を選んだ女たちもいる。

中野優子《なかのまさこ》は会津藩勘定役中野平内《へいない》の次女で、「容色に勝《すぐ》れ妙齢花の如《ごと》し」[28]と謳《うた》われた十六歳の美少女だったが、優子が若松《わかまつ》城（鶴ヶ城《つるがじょう》）内に入ってきたとき、抱えているものを目の当たりにして、人びとは慄然とした。彼女が手にしているものは首級《しるし》だったのである。しかも、女の首――なんとそれは優子の実姉竹子《たけこ》であった。

八月二十五日、中野竹子・優子姉妹は母コウや近隣の婦女子二十数名とともに会津藩の衝鋒隊《しょうほうたい》に加わって来襲する新政府軍の前に立ちはだかった。そして、薙刀《なぎなた》を握りしめて敵陣に敢然と駆け入った。だが、新政府軍は新式の銃砲を有する洋式歩兵隊であり、その勝敗は火を見るより明らかだった。

まもなく竹子が額に弾丸を浴びて瀕死の重傷を負った。この折、竹子は「敵に首級を渡すな」と妹に介錯《かいしゃく》を求め、そのまま息絶えた。そこで、優子が姉の首を切り落とし、それを抱えて若松城へと撤収したのである。

会津の地には「会津藩殉難烈婦碑」が立つが、会津戦争の犠牲となって戦死した数百名の武家の女性を供養するために建立《こんりゅう》したものだ。これほど多くの女性たちが敵に挑んで戦死した例は、戊辰《ぼしん》戦争だけでなく、戦国《せんごく》時代においてさえ例がないだろう。

この会津戦争において抜きん出た活躍を見せたのが、大河ドラマの主人公にもなった山本《やまもと》八重《やえ》である。鉄砲師範の家柄で、本人も腕に覚えがあった。八重は新政府軍が会津に迫ってくると、黒髪をバッサリ切り捨て、鳥羽《とば》・伏見《ふしみ》の戦いで戦死した弟の三郎の形見の服を身につけた。さらに、白鉢巻きに白襷《しろだすき》をかけ、手には薙刀ではなく元込め式七連発のスペンサー銃を持ち、腰に弟の刀を差し、弾を百発装填したガンベルトを身体に巻きつけて若松城に入ったのである。

「私は兄と弟の敵《かたき》を討たなくてはならぬ。弟に代わって主君に忠を尽す。命のかぎり戦う」

そう決意して以後、自分のことを「三郎《さぶろう》」と称するようになった。二十四歳であった。

八重がほかの女性たちと決定的に異なるところは、男として、しかも銃隊に加わって夜襲で活躍したことだ。男尊女卑の風《ふう》の強い会津藩士たちは、ついてくる八重に「女を参加させては、城中に兵がないようではないか」と叱責《しっせき》した。だが、彼女はこれを振り切って強引に隊のあとを追い、的確な銃撃で、次々と新政府の兵をしとめていった。断固制止すればできたはずだが、それを藩士たちがしなかったのは、八重の狙撃の腕前に免じたのだろう。

八月も後半になると、三万の大軍が若松城を取り囲み、蟻《あり》の這《は》い出る隙間さえない。しかも、城内への着弾も正確になった。だが、驚くべきことに、弾が落ちるたびに、子どもや女たちはその弾に向かって走っていった。この者たちが手にしているのは濡《ぬ》れた服やふとんだった。当時の砲弾は落ちてから破裂するまで時間がかかる場合があり、その前に濡れたものをかぶせると爆発を防ぐことができた。これを「焼き玉押さえ」と呼んだが、不発弾は味方の砲弾として再利用されたのだった。だが、たびたび破裂して、多くの女や子どもが犠牲となった。けれども、どうせ死ぬのであると覚悟していた会津藩の子女たちは、そんなことはまったく恐れず、弾が落ちるたびに濡れた服を手に走り寄ったのである。

八重は焼き玉押さえこそやらなかったが、夜襲が厳しくなると、負傷者の看護や食事の配膳も率先してやった。とくに八重は力持ちだったので、砲弾がぎっしりつまった箱を両肩にかついで前線まで持っていくことがよくあった。もちろん、城の建物から出ることはきわめて危険であった。ケガはなかったものの、八重も危うい目にあっている。

あるとき、八重は病気で多数の兵が横臥《おうが》している三《さん》の丸《まる》にある雑物倉《ぞうもつぐら》に本丸から弁当を運んだときのこと。「三郎さん、どこに行くのかね」と門番に声をかけられた。八重が弁当を運びに行くのだと答えると、「その格好に帽子がないとおかしいね」と笑い、彼は自分がかぶっている帽子を脱いで、「これを貸してあげよう」と八重の頭に載せたのである。そして、「うっかり頭を出していくと狙撃されるから気をつけるのだよ」と注意を受けた。

八重がさらに先に進むと、堀の脇のところで馬が死にかけて身体を痙攣《けいれん》させているのに出会った。かわいそうだと思った八重が馬の姿をしばらく眺めていると、突然、帽子が吹っ飛んで堀に落ちてしまったのだ。誰がいたずらしたのだろうと振り返ってみても、誰もいない。そのとき、初めて自分が狙撃されたことを知ったのである。

同じく食事の運搬をしているとき、砲弾がすぐ近くに落ちたことがあった。砂と煙のためにしばらく呼吸もできず、目を開けることもできなかった。ようやく少しすると、一緒に運んでいた有賀千代子《ありがちよこ》の顔が砂まみれになっている。すると、八重は彼女を指さしてゲラゲラ笑ったのである。だが、砂まみれは八重とて同じで、千代子も八重の顔を見て腹をよじって笑い転げた。ただ、しばらくして運搬途中だった握り飯を見ると、まるで蟻塚《ありづか》のように土がかぶってしまっており、とても食べられたものではなく、二人してがっかりしたという。

それにしても、究極の状態に置かれた八重だったが、あまりに明るい。この明るさは死を決した者だけに与えられる気分の高揚だったと思われる。次々と知り合いが死んでいく。

父もやがて戦死した。そうしたなかで、「涙さえ出なかった」と八重は回想する。

さらに八重はいう。

「随分戦ト云《い》フモノハ面白イモノデゴザイマシテ、犬死シテハツマリマセン。ケレドモ、戦ウトコロヲ見マスト女デモ強イ心ニナルモノデ、モウ殺レルト〔ノか〕カト思ヒナガラモ、丁度一町程先ノ所デ戦ツテイルナド見マシテゴザイマスガ、ナカ〳〵面白イノデゴザイマス」[29]

地獄を見た者だけが言える感慨であろう。

八重の見事な戦いぶりを耳にしたのか、なんと、彼女は松平容保の御前に呼び出された。このとき、八重は主君の目の前で最新式の不発弾を見事に解体し、なかに入っている多くの鉄片が破裂とともに飛び散って被害を大きくするのだと冷静に説明した。容保は感心してそれに聞き入ったという。女の八重にとって、これはまことに名誉なことであった。

およそ一カ月の籠城に耐えたものの、容保はついに降伏を決意。九月二十一日に藩士たちにその決定を伝え、二十二日、鶴ヶ城に大きな白旗を掲げさせた。こうして戦争が終わり、二十三日、藩士たちは城から立ち退くことになった。前日の真夜中、八重はひとり、三の丸の雑物庫に行き、その白壁に、笄《こうがい》(髪をまとめる道具)でもって、渾身《こんしん》の力で歌を彫りつけた。

明日よりは何処《どこ》の誰か眺むらむ　馴れし大城に残る月影

彼女の無念さがにじみ出ている。

そのあと、八重は京都にいる兄覚馬《かくま》のもとに身を寄せ、やがて新島襄《にいじまじょう》と結婚して同志社《どうししゃ》の設立に協力していくことになった。

いずれにせよ、男たちだけが幕末に活躍し、明治維新を成し遂げたような印象があるが、じつは、このように、女性たちも大きな働きをしていたのである。

異説9 維新史のカギを握っていたのはキリシタンだった!?

倒幕派が先導したといわれる「ええじゃないか」「御蔭参り」

大政奉還《たいせいほうかん》によって江戸《えど》幕府が消滅し、王政復古《おうせいふっこ》の大号令で新政府が生まれ、鳥羽《とば》・伏見《ふしみ》の戦いで旧幕府軍が敗れて江戸城は無血開城する。この歴史的な大変動は、驚くべきことに、半年ちょっとの出来事なのである。慶応《けいおう》三年（一八六七）秋から翌年春まで、当事者の武士たちにとっては天地が引っくり返るほどの衝撃だったに違いない。

ちょうど同じ時期に爆発的に流行したのが「ええじゃないか」の乱舞である。

日本各地で神社のお札《ふだ》が天から降り注ぎ、それを喜んで集団乱舞がおこなわれた。そんな乱痴気騒《らんちき》ぎにともなって施金《せきん》や施米《せまい》の強要なども発生し、治安が大いに乱れた地域も少なくない。そんなことから、この騒動は倒幕派が画策したものではないかという説がある。

ちなみに、お札降りは「ええじゃないか」が初めてではない。

御蔭《おかげ》参りと呼ばれる六十年周期で起こる伊勢《いせ》神宮への集団参詣現象のときにもよく見られた。

江戸時代、伊勢神宮は一番人気の観光スポットだった。これは御師《おし》の活躍によるところが大きい。御師はもともと伊勢神宮の下級神官だったとされるが、彼らは江戸時代に全国各地に散って伊勢神宮のすばらしさを説き、神宮のお札や暦（伊勢暦《いせごよみ》）などを配り、村の有力者を講元《こうもと》（講親《こうおや》）にして旅行グループ（伊勢講《いせこう》）をつくらせ、伊勢神宮に誘《いざな》ったのである。

伊勢講では定期的に金銭を積み立て、クジに当たった数名が伊勢神宮にお参り（代参《だいさん》）する。江戸からだと一カ月以上かかる大旅行になった。泊まるのは神宮の周囲にある御師の屋敷、といっても豪華な宿泊施設になっており、代参者は連日、豪勢な料理を食し、神宮に参拝し、祈祷《きとう》（神楽《かぐら》）を上げてもらい、満足して帰った。これによって伊勢神宮の楽しさは地元で喧伝《けんでん》され、ますますその人気は高まったのである。

おもしろいのは約六十年周期で伊勢神宮への集団参詣が流行したことだ。先述のように、御蔭参りと呼ぶが、最初は慶安《けいあん》三年（一六五〇）、次は宝永《ほうえい》二年（一七〇五）、三度目は享《きょう》保《ほう》八年（一七二三）、さらに明和《めいわ》八年（一七七一）、そして最後が文政《ぶんせい》十三年（一八三〇）

に発生している。

宝永二年の参拝者数は三五〇万人、最後の文政十三年は五〇〇万人と推定される。当時の日本の人口は約三〇〇〇万人だから、文政十三年の御蔭参りは日本人の六人に一人の割合で伊勢にお参りしたことになる。

このときは大勢が無銭旅行だった。人びとは白衣を身にまとって柄杓《ひしゃく》一本を片手に持ち、そのなかに金銭や食べ物を入れてもらいながら、伊勢街道を神宮に向かったのだ。大混雑のために関所さえも機能しなくなる。箱根《はこね》の関所などは通行手形を持たない人びとも難なく抜けられ、なかには関所役人を脅して酒代をせしめる者もいたという。

ただ、「ええじゃないか」は最後の御蔭参りからまだ四十年もたっておらず、また天から降ってくるのは伊勢神宮ではなく地元の神社のお札が多かった。

この狂乱がいつ、どこで始まったかについては諸説あるが、近年では上牟呂村《かみむろ》（現豊橋《とよはし》市）という説が強い。その経緯は牟呂八幡宮《むろはちまんぐう》の宮司《ぐうじ》森田家文書の『留記《とめき》』に詳細に記されており、静岡大学名誉教授の田村貞雄《たむらさだお》氏[30]や、愛知大学教授の渡辺和敏《わたなべかずとし》氏[31]が紹介している。

それは、慶応三年（一八六七）七月十四日早朝のことだった。お札を拾ったのは村の富《とみ》吉《きち》という男で、組頭の富蔵《とみぞう》に届けたところ、自分は忌中なので受け取れないからと言って、同じ組頭の清治郎のもとに届けさせた。

富吉は本当にこれが天から降ってきたものか疑ったそうだが、その夜に八歳の息子が急死したのである。また、お札のうわさを聞いたトコナベと呼ばれた者が「お札には煤《すす》がついているそうだから、誰かが家に祀《まつ》ってあったのを持ち出したのだ」と言った。すると、十五日におこりを患っていたトコナベの妻が死んでしまったのである。

村中は「これは神罰だ」と大騒ぎになった。そのころ、二枚目と三枚目のお札が見つかった。そこで、村人たちは集まって、「降ったお札を牟呂八幡宮に移して神事をおこなおう」と決め、お札を移すために行列をつくって手踊りをしながら進んだという。これが「ええじゃないか」の最初だとされる。

まもなく、吉田宿《よしだ》（現豊橋市）など、ほかのところでも同じような現象が起こり、降ったお札がある神社に向かって踊りながら集団で行進するようになる。踊りの熱狂はたちまち三河《みかわ》一国に拡大し、さらに西に、そして東に拡散し、全国が騒乱状態になったのである。

もちろん、お札はひとりでに天から降ってくるはずはないから、人為的なものである。鳥が運んできたという証言が見られることから、鷹《たか》にくわえさせたり、団子にお札を刺して鳥が持ち去るように工夫《くふう》したりした可能性はある。

ただ、一人や二人の所業ではこれほどの騒ぎにならないだろうから、相当な数の人間たちのしわざだろう。やはり、いちばん得をするのは御師であろう。彼らのしわざか、あるいは神社と関係が深い神主《かんぬし》や山伏《やまぶし》の可能性もある。いずれにせよ、その後は一般人もおもしろ半分にお札をばらまき始めたのではなかろうか――。

ただ、先に述べたように、組織的かどうかは別として、倒幕派が関係しているのは、ほぼ間違いないようだ。

先の田村氏によれば、慶応四年（一八六八）三月に発行された『中外新聞《ちゅうがいしんぶん》』には、お札の版木をたくさん持った浪人が逮捕されたとあり、この者が諸国に神札の類いを降らせていたのは明白だと記されている。また、土佐藩士《とさはんし》で坂本龍馬《さかもとりょうま》と行動をともにしていた海援隊士《かいえんたいし》の大江卓《おおえたく》は、みずからお札を印刷して撒《ま》いたと証言している。

とくに伊勢神宮をはじめとする神道《しんとう》は天皇の宗教でもあり、そうした神道に関する「ええじゃないか」という現象が拡散していくのは、天皇を中心とした国づくりを進める倒幕派にとっては好都合であった。

キリシタンの蜂起を狙っていた坂本龍馬

坂本龍馬が出たついでに少し話をすると、龍馬は大江がお札をばらまいているころ、意外なことを考えていた。「ええじゃないか」ではなく、キリシタンを倒幕勢力として用いようという作戦である。

そんな秘策を打ち明けた相手は、海援隊《かいえんたい》を監督するために慶応三年（一八六七）八月に長崎に着任した土佐藩の重臣佐々木高行《ささきたかゆき》である。龍馬の六歳先輩だったが、非常に気が合ったようで、八月後半になると頻繁に手紙のやりとりをしている。しょっちゅう酒席で芸者を揚げて楽しんでいたようで、あるときなど、佐々木に「いま、えいえいと鬨《とき》の声を上げて女軍（芸者たちのこと）が我が本陣を打ち破ろうとしている。なぜあなたは助けに来ないのか」といった戯《ざ》れ書《がき》まで記して宴席に呼び出そうとしている。

そんな間柄だったため、あるとき、龍馬は佐々木に「この度、薩長《さっちょう》と共にせる計画が失敗に帰したならば、耶蘇教《やそきょう》を以《もっ》て人心を煽動《せんどう》し、其《その》ドサクサまぎれに幕府を倒して終《しま》ふ」[32]と言ったのである。キリシタンを煽動して幕府を倒そうという龍馬の提案に驚いた佐々木は、「いや夫《そ》れはいかぬ。耶蘇《ヤソ》を以て幕府を倒すのは宜《よ》い。宜いが後世に災禍を胎す（孕《はら》む）懼《おそれ》が在る。耶蘇の害は幕府よりも甚しく、知らず知らずの間に人心を浸潤して、吾《わ》が国体に関係して来る。ツマリは暴を以て暴に代ふるものだ」「神道を基礎とし、儒道を輔翼《ふよく》とし、正々堂々大義を天下に唱へ様と思ふ」[32]と大反対した。しかし、龍馬は「今日はそんな姑息《こそく》の事では到底目的を達する事は出来ぬ」[32]と反発。激しい議論になったという。

何気ない逸話だが、これは龍馬の発想が突飛《とっぴ》すぎるのである。

尊王攘夷《そんのうじょうい》を標榜《ひょうぼう》する志士たちは佐々木のように天皇家の宗教である神道《しんとう》を崇敬し、逆に仏教などを軽視するのが普通だった。たとえば、尊王攘夷の本家ともいえる水戸《みと》藩においては藩主の徳川斉昭《とくがわなりあき》が徹底的な仏教弾圧をおこなっている。

斉昭は神仏の習合《しゅうごう》を決して許さず、神社から仏教色をことごとく払いのけ、神道の純化を図ると同時に、領内から多くの僧侶を追放し、次々と寺院をつぶしていったのである。たとえ領内の大寺院であっても容赦はなかったし、野にある石仏《せきぶつ》さえ撤去したと伝えられる。さらに、領内にある寺の梵鐘《ぼんしょう》や金銅仏《こんどうぶつ》はすべて大砲の鋳造に用いるとして鋳つぶしてしまったという。

冠婚葬祭についても領民たちに神式を強制している。実現しなかったものの、斉昭はやがて寺請《てらうけ》制度を廃し、氏子《うじこ》制度に切り替えようとまで計画していたようだ。

ただ、これら一連の急激な宗教政策は人心に大きな不安を与える結果となった。

天保《てんぽう》十五年（一八四四）五月、斉昭の改革は突然中断する。斉昭が幕府から引退謹慎処分を突然申し渡されたからである。

「浪人を多く召し抱えたこと。大々的な軍事演習を挙行したこと。寺院を破却したこと」などが幕府の嫌疑内容であった。確定はできないが、この失脚劇は改革に反対する門閥派が領内の寺院勢力を誘って断行したクーデターだった可能性が高い。

いずれにせよ、こうした寺院の整理については薩摩《さつま》藩や長州《ちょうしゅう》藩、津和野《つわの》藩なども断行している。

このように、尊王攘夷思想は神道を崇敬する思想でもある。同時に仏教、さらにキリスト教に対してこれを徹底的に排撃する思想でもあった。「異説1」で述べたように、尊王論と攘夷論を融合させたのは水戸藩の会沢正志斎《あいざわせいしさい》であり、その著書『新論』は志士たちのバイブルになった。そこにはキリスト教について次のように記されている。

「西夷《せいい》の」「技倆《ぎりょう》を逞《たくま》しうする所のものは、独り一耶蘇教有るのみ」「其《そ》の言」「民心を煽惑《せんわく》す。民心一たび移れば、簞壺相迎へ、之を得て禁ずる莫《な》きなり。而して民は胡神の為に死を致し、相欣羨して以て栄と為《な》す。其の勇は以て闘ふに足り、資産を傾けて以て胡神に奉ず。其の財は以《もっ》て兵を行るに足り」「其の国を併せ地を略する、皆此《こ》の術に由《よ》らざるは莫《な》きなり」[33]

「西夷」とは西欧列強、「耶蘇教」はキリスト教、「胡神」はイエスのことである。つまり、もし日本にいったんキリスト教が入れば、巧みに人びとの心を捉えて広まってしまい、イエスのために死をも厭《いと》わず、財産を投げ出して命がけで闘うだろう、このようにして列強は他国を侵略するのだと言っているのだ。

さらに、会沢は戦国時代にキリスト教が入ってきたとき、「愚民を誑惑《きょうわく》し、所在に蔓延《まんえん》し、未《いま》だ百年ならずして」[33]二十八万人の信者が生まれた。「其の民《たみ》に入るの速きこと此《かく》の如し」「昔日の轍《てつ》を踏まんや」[33]というように、かつても人びとを惑わし、各地に広まったため、異国人の侵入を許して昔の失敗を繰り返してはならないと強く警告したのである。

結果、神道を崇拝し、仏教とキリスト教を排斥するのが明治政府の方針となっていく。

薩長は倒幕運動の過程で、ともに外国と戦争（薩英《さつえい》戦争、四国艦隊下関《しものせき》砲撃事件）して攘夷《じょうい》の不可を知り、開国主義に転じていった。そして、岩倉《いわくら》使節団などを派遣して積極的に西洋の技術や文明を導入していった。ところが、こと宗教だけは二百年以上続いた「キリスト教は恐ろしい」という妄想のため、これを拒み続けたのである。

ただ、列強と和親条約や通商条約を結び、外国人の居留を認めたからには、キリスト教を防ぐのは土台無理な話であった。

外国人信者のために、長崎の居留地にキリスト教の教会である大浦天主堂《おおうらてんしゅどう》がつくられた。すると、ある日、教会のベルナール・プティジャン神父《しんぷ》のもとに浦上村《うらかみ》（現長崎市）の隠れキリシタン数名が訪れて信仰を告白したのである。以後、続々と近隣の村から信者たちがやってきて神父に教えを請い、村に戻ってそれを広めていったのである。

この事実を悟った浦上村の庄屋《しょうや》は長崎奉行所に密告。そこで奉行所は慶応三年（一八六七）七月、七十名近くの信者を捕縛し、激しい拷問を加えて改宗を迫ったのである。すると、フランスのジョセフ・レック副領事など外国の外交官たちが激しく長崎奉行所に抗議したため、その弾圧の手を緩めたのだ。

これに対して志士たちはどのような行動に出たかというと、先の佐々木高行の回想によれば、七月下旬に大村《おおむら》藩の渡辺昇《わたなべのぼる》が太宰府《だざいふ》において諸藩の志士たちに「耶蘇教徒を厳重に処分する」べきだと提案。各藩士たちもこれに賛成して長崎で会議を開き、薩摩藩の前田《まえだ》杏斎《ようさい》が代表して長崎奉行所に抗議したのである。

ちなみに、渡辺は坂本龍馬とともに薩長同盟に尽力した人物で、のちに新政府に入って大阪府知事、元老院《げんろういん》議官、貴族院議員を歴任している。

いずれせよ、勤王の志士たちがキリシタンを毛嫌いしていたことがわかるだろう。

ただ、前田の交渉はうまくいかず、結局、十月二十八日になって、あきらめて長崎から去っていき、長崎奉行所はフランスの要求を受け入れ、だんだんキリシタンを出獄させて村預けとしたという。

つまり、いかに坂本龍馬という男が常識外れの提案をしたかがわかるだろう。

しかも、佐々木によれば、「才谷《さいたに》（龍馬のこと）は策略家で、耶蘇を採用するといふのも、ツマリは已《や》むを得ざる窮策なのである。であるから耶蘇の代りに仏教を以《もっ》てしやうとも言うた。自分は才谷の様に変通が出来ぬので、どこ迄《まで》も神儒を以てする事を主張したけれども、其《その》大根本たる勤王の為《ため》に身を捧《ささ》げ、時機を計つて幕府を倒さうといふ点に就《つい》ては、全然一致して居るので、かういふ風に其方法に就ては互いに各方面から絶えず研究したのだ」〔32〕と述べている。キリシタンがダメなら仏教徒を煽動させようとは、なんとも節操がない気もするが、そこがほかの志士とは異なる龍馬のすごさなのだろう。

龍馬は佐々木に「もし倒幕の兵があがったら、長崎運上所《うんじょうしょ》（税関）に保管されている十万両を奪うべく、事前に制圧計画を立てておくことだ」と語り、「天下の事を知る時は会計もっとも大事なり」（佐々木の日記『保古飛呂比《ほごひろい》』）と教示している。鳥羽・伏見の戦いが勃発した折、佐々木は亡き龍馬のアドバイスに従って、ただちに長崎奉行所の金蔵を押さえている。このように、金融や経済の重要性というものを、龍馬は熟知していたのである。

新政府の宗教政策のカギを握った四万三千石の津和野藩

さて、この浦上崩れと呼ばれる隠れキリシタン弾圧事件は、それから数カ月後、新政府が樹立されると状況が一変する。

新政府は再び弾圧を強化し、浦上村の人びと全員（約三千四百人）を検挙するという信じられない手段に出たのである。

この折、浦上村の村人たちをどう処置するかについて、新政府は有識者に下問《かもん》した。これに応じ、津和野《つわの》藩主の亀井茲監《かめいこれみ》とその重臣の福羽美静《ふくばびせい》は「村人たちを説得して改宗させるべきだ」と政府に上申した。この結果、明治政府は首魁《しゅかい》を長崎で処刑し、そのほか村人三千人を名古屋《なごや》以西の十万石以上の大藩に配流《はいる》して、生殺与奪《せいさつよだつ》権を預けることにしたのである。

新政府は樹立後まもなくして神道国教化方針を立てた。そんな国家の宗教政策を担ったのが、この茲監と福羽であった。

茲監は藩校養老館《ようろうかん》の教育の中心に国学を置いた。

国学は『古事記《こじき》』『日本書紀《にほんしょき》』などの古典を研究、調査し、わが国が仏教や儒教の影響を受ける前の思想や古道《こどう》を明らかにしようという学問である。下河辺長流《しもこうべちょうりゅう》、戸田茂睡《とだもすい》、契沖《けいちゅう》ら元禄《げんろく》時代の先駆的学者を経て、荷田春満《かだのあずままろ》と賀茂真淵《かものまぶち》によって学問として確立。本居宣長《もとおりのりなが》が大成させたものだ。その後、平田篤胤《ひらたあつたね》が発展させるが、平田が唱えた復古神道は尊王思想が強烈で、排仏や排儒を唱え、非常に国粋主義的であった。

彼の思想は幕末の尊王攘夷運動に多大な影響を与えた。

各地における外国船の出現という時勢の影響を受け、茲監は津和野藩の教育を儒学中心主義から国学中心主義へと転換しようと考えたのだ。嘉永《かえい》二年（一八四九）には津和野藩木部《きべ》（津和野市）の富長八幡宮《とみながはちまんぐう》の宮司出身の国学教授の岡熊臣《おかくまおみ》に養老館の学則をつくらせている。

その冒頭の文が以下である。

「道は、天皇の天下を治めたまう大道にして、開闢《かいびゃく》以来地に墜ちず。人物の因《よ》って立つところにして、今日万機、すなわち其《そ》の道なり。古語に曰《いわく》。惟神《かんながら》とは神の道に随《したが》うも、またおのづから神の道あるをいうなり。亦曰《またいわ》く、天皇は古道に順考して、政《まつりごと》を為《な》したまうと。それ、学者は道を知るもの、道を行うことは、其《そ》の人にあり。ただし、其の学に志すや、本を探りて隠れたるを顕《あらわ》し、紊《みだ》れたるをまとめて、これを正しきに返し、用いてもって、鴻業《こうぎょう》を賛輔《さんほ》し、然《しか》して、人心、世道の古《いにしえ》に復して、治平のいよいよ久しきを希《ねが》うもの、道に学ぶものの志のみ」

要約すれば「神道の道というのは、天皇が天下を治める道であり、人間がよって立つものである。学生は国学を学問の中心とし、尊王攘夷を大義として真面目に勉学に励み、国家有用の人間になれ」ということである。

その後、藩の教育は元津和野藩士で本教本学《ほんきょうほんがく》（国学の一派）を創始した大国隆正《おおくにたかまさ》が担うことになった。

本教本学の特徴は学問における実利を重視したことにある。役に立ってこそ学問だという考え方だ。だから、国学でありながらも蘭学、仏学、漢学などについても、実用的な思想は大胆に学問大系のなかに組み込んでいった。

また、大国は幕末の激動期に尊王攘夷を主張しつつも、一方では「わが国は積極的に開国し、茶の輸出を中心とした対外貿易によって富国強兵を達成し、中国沿岸部を買収するなどして列強と同様、世界に進出していく必要がある」と唱える現実思考を有していた。

明治政府は本教本学（津和野本学）を奉じる大国ら養老館関係者を宗教行政の最高責任者に据えるが、これは、いま見たように、平田国学のように攘夷主義一辺倒に硬直していない本教本学の思想的柔軟性が買われたのだろう。

大国は大坂や京都で私塾を開いたが、その説くところのおもしろさによって続々と子弟が集まり、やがて本教本学の名声は高まり、大国は小野《おの》藩、姫路《ひめじ》藩、福山《ふくやま》藩、水戸藩などに招聘《しょうへい》されたり、助言を請われたりするような国学の大家にのしあがったのだった。

茲監は岡の進言によって大国に国学教授への就任を要請した。大国は条件として京都在住、講義は年百日にかぎる旨を伝えた。茲監がこれを了承したことにより、嘉永四年（一八五一）、大国は養老館に着任した。以後、養老館では国学（本教本学）が教育の中心となった。茲監は家中に模範を示そうと、自分の屋敷に学者を招き、月に数回、彼らから講義を受けた。供回《ともまわ》りの者たちも講義には強制的に出席させ、順番で一般の藩士らも招かれるようになった。

慶応三年（一八六七）十二月九日に出された王政復古の大号令——その草案をつくったのは玉松操《たままつみさお》であった。玉松は大国の門弟であり、新政府における王政復古や祭政一致の方針は大国が唱えた津和野本学を理論的支柱としていた。

◆◆◆ 拷問されても改宗を拒み、弾圧をあきらめさせたキリシタンたち

明治元年（一八六八）、新政府の職制は三職制から太政官制《だじょうかんせい》に移行したが、この折に太政官より上位に置かれた神祇官《じんぎかん》に津和野藩主亀井茲監、大国、福羽ら養老館国学一派が登用された。茲監は神祇官の副知官事だが、知官事には公家《くげ》が任じられたものの、お飾りにすぎず、実質的に茲監が神祇官のトップに立った。

神祇官は新政府の宗教行政を司《つかさど》る部署であり、茲監、大国、福羽が明治初年の神仏分離や神道国教化運動を進めていくことになる。彼らの手足となって働いたのは養老館の教授や卒業生たちであった。そういう意味では津和野藩が日本宗教史を動かしたといえよう。だから、四万三千石の小藩ながら、津和野藩には百五十三名ものキリシタンが送り込まれたのだ。新政府の宗教行政を司っている津和野藩のお手並みを拝見しようということだったのかもしれない。

こうして津和野に移送されてきたキリシタンに対し、藩士たちは温情を持って接した。津和野本学に多大な自信を持ち、彼らを教化できると信じていたからである。

ところが、なかなか彼らは改宗しない。このままでは新政府で藩主が恥をかく。そんな焦りもあったのか、藩は方針を転じ、拷問によって改宗を強要することにした。

冬に庭園の泉水にキリシタンたちを入れ、頭から水をかけたり、子どもを素っ裸にして棒でたたいたりした。また、三尺牢《ろう》に入れて放置した。三尺牢は頑丈にできた四角い木の箱で、天井と底板があり、周囲三方が分厚い板で封じられ、一面だけ四本の縦格子が入って外が見えるようになっている。この三尺（一メートル四方）の箱に人間を放り込む。入った人間は立つことも横臥《おうが》することもできない。天井に空いている小さな穴は弁当箱を入れる穴だ。この小さな空間のなかで食べて、寝て、排泄《はいせつ》するのである。一日なら耐えることもできようが、これが何日も続くとなると、精神の平衡を保つのは難しい。

拷問の舞台となったのは、乙女峠《おとめとうげ》中腹にある廃寺光琳寺《こうりんじ》で、ここに浦上村の信徒百五十三名が押し込められ、連日のように責め苦を受けた。

拷問に耐えかねて改宗した者五十四名。残り三分の二の信者たちは明治六年（一八七三）にキリスト教が黙認され、自由の身になるまで改宗しなかった。うち三十六名は拷問により、解放される前に命を落とした。

信者のひとりに安太郎という明るい青年がいた。非常に人徳があり、真面目な人だったので、彼が改宗すればほかの信者に影響があるだろうと考えた改宗担当者は、雪の積もる寒天に安太郎を裸にして三尺牢に放り込んだ。数日後、仲間たちがひそかに床板を破り、床下から抜け出して安太郎を見舞ったときには、ほとんど彼の生命は尽きようとしていた。

「大丈夫か」

そう尋ねる仲間に対して安太郎は「真夜中になると聖母マリア様が頭上に現れ、私を慰めてくださるから大丈夫です」と答え、数日後に息を引き取ったという。

拷問は少年や幼女にもおよんだ。十四歳の祐次郎は杉丸太に縛りつけられ、あるいは裸で縁側に座らされ、徹底的に鞭《むち》でたたかれた。これがもとで、彼は二週間後に絶命した。五歳のもりと呼ばれた幼女は何日間も食事を与えられなかった。牢役人はそんな飢えを経験させたあと、彼女の目の前においしそうな菓子を差し出し、「これをあげるから、キリストは嫌いだと言え」と迫ったという。残酷なことをするものだ。しかし、彼女は「天国の味のほうがいい」と言って、けなげにも菓子に手を出さずに死んでいったという。

明治元年（一八六八）末、福羽が津和野に帰省した。このとき、福羽は改心しない仙右衛門ら十六名のキリシタンを藩庁に招いて対面した。福羽は彼らに食事や酒を出し、「今日は改宗を迫るつもりはない。ひとつ聞きたい。ほかの宗教では救われることはできないのか」と尋ねたという。それ対して仙右衛門は「キリシタンでなければ救われません」と明言した。すると、福羽は納得できない様子で次々と質問を浴びせかけたという。

最終的には「コノ福羽トイフ人ハ、殺シタ人ヲ活カス事ハ出来マセン故《ゆえ》ニ、活《い》カシテ置クガヨロシカロ、殺ス時ハ何時《いつ》デモ殺サルルト、イフタ人ナリ。コノ福羽トイフ人ハ東京ニ帰リマシタ。マタ、タビタビ私共ニ金ヲクレマシタ」。そう仙右衛門の『覚書』に記されているように、死にいたるまで拷問するのではなく、キリシタンを生かす方針に切り替え、彼らに金銭的援助をするようになったという。おそらく、仙右衛門らの強い意志を直接聞いて、彼らの改宗を半ばあきらめたのではないだろうか。

ただ、福羽は中央政府にあっては茲監と大国を補佐して神仏分離令や大教宣布の詔《みことのり》などを発し、神道の国教化に情熱を注いでいった。しかしながら、実際になかなか国教化や祭政一致はうまくいかず、明治政府は明治四年（一八七一）になると、この方針を捨て、欧米列強諸国にならった近代化政策に大きく舵《かじ》を切っていく。

みずから新政府に廃絶を願い出た興福寺

神道国教化政策が進むと、これまで幕府の配下として庶民を抑えてきた寺院に対する怒りが爆発し、あちこちで寺院や石仏が破壊された。これを廃仏毀釈《はいぶつきしゃく》と呼ぶ。こうしたなか、意外な転身を遂げた大寺院がある。

中世には多数の僧兵を抱え、強訴《ごうそ》によって朝廷に要求を通し、大和《やまと》一国を制圧していた興福寺《こうふくじ》である。江戸時代も幕府から朱印地《しゅいんち》として寺領（約一万五千石）を与えられていたが、享保二年（一七一二）の火災で金堂《こんどう》や南円堂《なんえんどう》、南大門《なんだいもん》など大半の堂宇《どうう》が焼失。財政難で再建が進まず、衰退のうちに幕末を迎えたのである。

そんな興福寺は、なんと、みずから新政府に廃絶《はいぜつ》を願い出たのだ。同寺は幕末に倒幕勢力と結んでおり、神仏分離令が出て神道を国教化する方針をいち早く知った。そこで、僧侶たちは明治元年（一八六八）四月、全員が復飾《ふくしょく》（還俗《げんぞく》）願を政府に提出する。そして、これが許可されると、全員が神職になった。当時、興福寺と一体化していた春日社《かすがしゃ》に奉仕することにしたのだ。

見事な転身だったが、迷惑だったのは春日社の神職たちであり、これに強く反発して新政府の神祇《じんぎ》省神祇局が調停に乗り出すほどになった。ただ、結局は興福寺側の言い分が認められることになった。

なお、廃寺となった興福寺は明治五年（一八七二）、政府の教部《きょうぶ》省と奈良県の話し合いで、一部は西大寺《さいだいじ》と唐招提寺《とうしょうだいじ》の管理となり、あとはすべて没収、破却と決まった。こうして、お堂や土塀、門は次々と撤去され、仏具や経典《きょうてん》なども焼却されたり、売り払われたりした。

驚くべきことに、五重塔は五十円（異説あり）で民間に払い下げられ、金具を回収するため、塔に火を放って燃やす予定だった。しかし、火事を心配する近隣から反対が出てとりやめとなった。

ただ、廃仏毀釈が収まって、仏教の復興運動が始まると、興福寺の再興を求める声が強くなり、明治十五年（一八八二）、法相宗《ほっそうしゅう》の総本山として再興されることになった。

このように、明治維新は宗教にとっても大変な激動期だったのである。

異説10

震災、台風、伝染病……明治維新は天災が引き起こした!?

大震災が起こると政権が崩壊する法則

大地震は突然やってくるものである。そして、ときには津波や火事をともなって多くの人命を奪い去っていく。地震大国である日本列島に住んでいるかぎり、私たちはそうした容赦のない地震という天災から逃れるすべはない。

長い日本史においても大地震はたびたび発生し、大きな被害を与えてきた。記憶に新しいのは阪神《はんしん》・淡路《あわじ》大震災と東日本大震災だろう。この二つの地震によって尊い命がたくさん奪われた。

ちなみに、この二つの地震には大きな共通点がある。

村山富市《むらやまとみいち》社会党（現社民党）首班内閣と菅直人《かんなおと》（のち野田佳彦《のだよしひこ》）民主党（現民進党）内閣が地震時の対応に失敗し、いずれも支持率を急落させ、翌年には総理が交代していることとである。しかも、やがて総理を輩出していた政党自体が壊滅的な打撃を受けている。

このように、大地震などの天災は、じつは政治にも大きくかかわってくるものなのだ。しかも、こうした大規模な自然災害が起こると、人心の不安や社会の混乱に乗じて、必ずといっていいくらいテロや大事件が発生する。それは近年の歴史を見ても明らかだろう。

東日本大震災では人災といえ福島第一原発事故が発生。阪神・淡路大震災でも地下鉄サリン事件が発生。関東《かんとう》大震災でも無政府主義者の難波大助《なんばだいすけ》が皇太子暗殺未遂事件（虎ノ門《とらのもん》事件）を起こし、時の第二次山本権兵衛《やまもとごんべえ》内閣は総辞職を余儀なくされている。

その法則は江戸《えど》時代にも当てはまる。天明《てんめい》三年（一七八三）に浅間山《あさまやま》が大噴火して天明の飢饉《ききん》が起こると、翌年、老中《ろうじゅう》の田沼意次《たぬまおきつぐ》の息子で若年寄《わかどしより》の意知《おきとも》が佐野政言《さのまさこと》に刺殺され、結果、田沼政権は大きく揺らぎ、二年後に崩壊する。

人びとは巨大な天災のあと、政府に不信感を持つだけでなく、災厄を払いのけたいという欲求が膨張するのか、政治的な大変革を求める傾向が強い。それが政権交代を促進するのだろう。田沼政治のあとも老中の松平定信《まつだいらさだのぶ》が政権を握って田沼とは正反対の寛政《かんせい》の改革が始まる。

じつは、こうした現象を為政者は古代からずっと恐れてきた。

古代中国には天譴《てんけん》思想とか災異《さいい》思想というものがある。天災が続くのは為政者が悪いからであり、よい政治に改めなければ皇帝を変えるという天の警告であると考えるものだ。だから、奈良時代の聖武《しょうむ》天皇などは地震などの天災や疫病《えきびょう》が流行《はや》るたびに、ずっと謝罪の勅《ちょく》を発し続け、ついには治世者としての自信を失い、各国に壮麗な国分寺《こくぶんじ》をつくったり、平城京《へいじょうきょう》に巨大な大仏を造立《ぞうりゅう》したりしたのである。鎮護《ちんご》国家の思想といって、仏教をさかんにすれば国が安定し、平和になるという考え方があったからだ。

こうした歴史的遺伝子は無意識のうちに現代にも引き継がれているはず。だから、為政者は地震などの天災の対応を決して誤ってはいけないのである。とにかく、迅速にできるかぎりの支援をおこなう。それが政権維持のカギとなる。

安政東海地震後の対応を誤った徳川斉昭

周知のように、地震は特定の短い時期に集中して起こる傾向がある。じつは、幕末も地震の多発期であった。

マシュー・ペリーが強硬に開国を要求したので、しかたなく、幕府は安政《あんせい》元年（一八五四）三月に日米和親条約を結び、伊豆《いず》の下田《しもだ》と蝦夷地《えぞち》の箱館《はこだて》（函館）を開港した。

同じ年の十月、ロシアのエフィム・プチャーチンが下田に来航し、十一月三日から下田の福泉寺《ふくせんじ》で開国のための日露交渉がおこなわれた。その翌日の朝、突然、大地震に見舞われたのである。世にいう安政東海《とうかい》地震である。現在もさかんに注意が喚起されている南海《なんかい》トラフ巨大地震のひとつだ。駿河《するが》湾西側および甲府《こうふ》盆地などが激震だったが、中国、四国から東北地方まで大きな揺れに見舞われる広域地震であった。とくに建物の倒壊では、東《とう》海道《かいどう》の宿場がのきなみ大きな被害を受け、三島《みしま》宿は全壊だったという。さらに翌日にも激震が襲った。

この両日の地震で大きな被害をもたらしたのが沿岸部に押し寄せた巨大津波であった。下田にも大波が到達し、港に停泊していたロシア船ディアナ号も何度も押し寄せる津波にもまれて激しく港内を回転し、舵《かじ》と船底を損傷して浸水した。後日、修理のために別の港に曳航《えいこう》する途中に沈没してしまっている。

地震は下田港の家屋にも甚大な被害をもたらした。研究によれば、「流出家屋は八四一軒、半壊三〇軒（計八七一軒）、無事であったのはたった四軒」（『日本災害史』[34]）であり、これは全戸の「九九・五％」にあたるといい、人口三千八百五十一人のうち九十九人が犠牲になり、その後も人口の流出が続き、これを機に下田は衰退に向かったのである。

ちなみに、船を失ったロシア人たちは路頭に迷うが、このとき、幕府の海防参与（いまの防衛大臣のような職）である水戸《みと》藩主徳川斉昭《とくがわなりあき》は、「いい機会なので、ロシア人五百人を一カ所に集めて殺してしまおう」と老中首座の阿部正弘《あべまさひろ》に提言したという。斉昭は過激な攘夷《じょうい》主義を唱えていた人であった。もちろん、そんなことをすればロシアと戦争になるから、とてもできない相談だったが、驚くべき野蛮さである。

津波から村人を守ろうと、自分の稲《いな》むらに火をつけて高台に避難させた逸話「稲むらの火」――戦前の国定教科書に採録されていた話だが、この津波は安政東海地震の際のことで、モデルになった人物はヤマサ醤油《しょうゆ》の当主浜口梧陵《はまぐちごりょう》であった。

ヤマサは江戸に店を構えるが、もともと紀州広村《きしゅうひろむら》（現和歌山県広川町《ひろかわ》）出身の豪商で、屋敷は広村にもあった。この村は港が漏斗形《ろうとがた》をしているので、津波が劇的に高くなり、これまで何度も巨大津波に見舞われ、多くの犠牲を出していた。宝永《ほうえい》四年（一七〇七）の大津波で村ごと飲み込まれて以後、離村が相次ぎ、千戸の戸数も四百戸に減少してしまった。

日米和親条約が結ばれた嘉永《かえい》七年（一八五四）夏に広村で地震があると、なぜか村人たちのあいだで「今年は津波が来る」という流言が広まり、それが現実のものとなってしまったのだ。十一月四日昼に広村は激震に見舞われ、驚いた梧陵が外に出て海を見ると、海水が増したり引いたりしている。「津波の前兆だ」と思った梧陵は村人たちに呼びかけ、高台にある広八幡社《ひろはちまんしゃ》に家財を運ばせた。だが、津波は来なかった。そこで、避難指示を解いたところ、翌日の午後四時ごろ、再び激震に襲われた。このとき、海が大砲を連発するように音を響かせたという。そして、海からの巨大な波が川をさかのぼり、梧陵も逃げる途中で波に飲まれてしまう。どうにか川から這《は》い上がった梧陵は広八幡社までたどり着くが、闇夜で避難場所がわからずに路頭に迷っている者のため、部下に命じて付近の稲むらに火を放たせて目印としたのである。

これが「稲むらの火」の史実である。

しかし、本当の梧陵の活躍はここから始まった。津波では百九十二名が犠牲になり、村の八割にあたる八百五十戸が流失。それからも余震が続き、再び大津波が襲来するというデマも流れた。梧陵は人心の動揺を鎮めるため、翌日から被災者を慰問し、避難場所を確保して炊き出しを始めた。続いて隣村の庄屋《しょうや》に義捐米《ぎえんまい》五十石を放出してもらい、紀州藩にも救援をとりつけ、私財二百俵を放出し、当面の食料問題を解決した。また、避難民千四百名のために大金をはたいて五十棟の仮設住宅をつくり、農具や舟、漁具を無償で提供し、商店には営業再開の資金を貸し付けた。

さらにすごいのは、現在の金額にして五億円の私財を投入し、高さ五メートル、長さ六百メートルの大堤防を津波から四年後の安政五年（一八五八）に完成させたのである。工事に動員された人数は延べ五万六千人だが、みな広村の村民であり、賃金が給付されたため、就業対策にもなった。こうした働きに感謝した人びとは梧陵を浜口大明神《だいみょうじん》として祀《まつ》り上げようとしたが、梧陵はそれを固辞したという。まさに誇るべき日本人である。

さて、この広域地震のとき、将軍のお膝元である江戸はどのような状況だったのだろう。揺れが激しく、瓦が落ちて破損したり、多くの建物が壊れたり、大川《おおかわ》（隅田川《すみだがわ》）に海水が逆流して水があふれ、床上浸水が起こるなどしたが、幸い人的被害はなかった。

ただ、多くの武士たちがこの地震に不気味な予感をいだいていた。

たとえば、越前《えちぜん》藩主の松平春嶽《まつだいらしゅんがく》は、自分の教育係だった中根雪江《なかねゆきえ》に次のように語っている。

「近来外寇《がいこう》の騒きといひ、当夏内裏《だいり》の炎上といひ、将此般之《まさにしはんの》震災など只事《ただごと》ならず」（中根雪江『昨夢記事』）と、ペリー来航や御所の火災、地震はただことではないと心配する。

また、中根自身も「近来天下に変事共《ども》相続き天譴《てんけん》ともいふべきさまにて穏かならさる世態」（同前）だと、やはりこうした変事は天罰だ述べている。

　このように、この地震をペリーなど異国船の来航や開港条約の締結、さらには内裏の火災などと結びつけ、ただごとではない状態、つまりは天譴――ダメな政治や堕落した社会に対する天の警告である――と受け止めていることであろう。これは、中根だけでなく、当時の人びとの多くが同じ認識であったと思われる。

　幕府はこのとき、今後も火の元に注意せよと通達するとともに、将軍の菩提寺《ぼだいじ》である上《うえ》野寛永寺《のかんえいじ》と芝増上寺《しばぞうじょうじ》に「世上安穏《せいじょうあんのん》」を祈祷させた。

――ただ、この地震は、たんなる序章にすぎなかった。

◆藤田東湖の震災死は本当に美談だったのか

　それから一年もたたない安政二年（一八五五）十月二日、江戸は直下型の大地震に見舞われたのである。

　その被害たるや、すさまじいものとなった。

　先の『日本災害史』[34]によれば、記録されている江戸における町方（町地）の死者だけで四千二百九十三人、負傷者は二千七百五十九人。大名《だいみょう》屋敷の死者は二千人を上回り、幕府の旗本《はたもと》や御家人《ごけにん》の犠牲者は記録に残っていないため、合計すると膨大な数にのぼったと考えられるという。一説には一万人以上とするものもある。

この地震の記録は非常に多いが、震災予防調査会編『大日本地震史料　下巻』[35]に載る『時風録』が、かなり臨場感をもってその状況を伝えているので、この史料をかいつまみながら、現代語訳して紹介しよう。

――いまから百五十年以上前に起こった元禄《げんろく》大地震のとき、天野弥五右衛門《あまのやごえもん》という老人が「星が低く見え、冬が暖かいので、地震があるぞ」と言って家にかすがいを打ち、縄などをからげて補強していたが、果たして地震が起こった。

じつは、その年は暖冬で雪が降ることも稀《まれ》なうえ、夏になると、急に巽《たつみ》の方角（南東）に大きな星が現れ、怪しく光り続けていた。地震当日の十月二日は一日中どんより曇って、小雨がしとしと降り続いていた。当日、巽の方角に虹のような長さ十丈ほどの気が立ったのを品川《しながわ》で山田某が見たという。夜になると急に冷え込んできたが、不思議な光りものが四方にひらめき渡った瞬間、大地がにわかに鳴動し、一時に数万軒の家屋を震わせ、まるで雷が一度に百も千も落ちたような音がした。

すでに臥所《ふしど》（寝室）にいた人びとは、その轟音《ごうおん》に仰天し、「こはそもいかにと、こけつまろびつ泣わめきつ逃迷ふ」[35]、あるいはそのまま梁《はり》に打たれ、瓦に当たり、石につまずき、溝に落ち、傷つく人も少なくなかった。家族を救おうとして自分も死んでしまったり、どうにか屋敷から出て隣家に逃げ込んだはいいが、その家がつぶれて、圧死したりする者もいた。

江戸のおよそ三十カ所から火が出て空を焦がし、真昼のように町じゅうが明るくなった。地震のために火消しが出動できなかったので、風が吹いて燃えるままにまかせ、家の下敷きになった多くの人びとが炎に焼かれ、煙にむせび、叫んでも助けに来てくれる人はなく、無残にも命を落としていった。

「親に別れ、子を失なひ、夫婦兄弟等ちりぢりに血に染み、なみだを流して逃まどふさま、仏のいはゆる修羅道《しゅらどう》もかくやと思ふばかりにて、哀れといふも愚かなり」[35]

将軍徳川家定《とくがわいえさだ》はどうにか吹上《ふきあげ》の御園滝見《みそのたきみ》の御茶亭に避難したというが、江戸城の櫓《やぐら》や多《た》聞《もん》（石垣上の長屋）、門や塀、石垣などで壊れたり、崩れたりしていないところはないほどだった——。

このように、大地震による建物の倒壊に加え、地震が原因で発生した火事がさらに被害を拡大したのである。

この地震では、先に過激な発言を紹介した前水戸藩主の徳川斉昭の屋敷が大きな被害を出している。とくに斉昭の右腕でもあった藤田東湖《ふじたとうこ》（誠之進《せいのしん》）が圧死した。

東湖は斉昭を藩主に擁立し、弘道館《こうどうかん》という藩校の創立にかかわり、会沢正志斎《あいざわせいしさい》とともに尊王攘夷思想を全国に広めた有名な学者であり、思想家だった。戸田忠太夫《とだちゅうだゆう》は水戸藩の家《か》老《ろう》で、藤田東湖と並んで水戸の両田《りょうでん》といわれ、斉昭を助けて広く活躍していた。

佐々木高行《ささきたかゆき》（坂本龍馬《さかもとりょうま》と親交が深く、明治天皇の側近として活躍し、枢密院《すうみついん》顧問官にのぼった）は、のちの回想録『勤王秘史　佐々木老公昔日談』[32]で「藤田、戸田は水戸の柱石である。水戸は幕府の副将軍その御家中の名士が一名ならず両名まで変死するといふのは幕府の凶事である」「いかにも藤田先生位の人物が天災で死ぬるといふのは、実に天下の一変事に違ひない。先生はどうしても、近代の豪傑で、烈公《れっこう》（斉昭）も先生が亡くなってからは、とんと御別人の様な傾を生じたとの風聞であつた」と述べている。このように、有能なブレーンを同時に失って以後、斉昭の政治活動は精彩を欠くようになったといわれる。もし、この二人が生きていれば、安政の大獄《たいごく》も巧みにかわし、藩内の抗争で水戸藩が没落することも免れたかもしれない。

ちなみに、東湖の死は感動的ですらある。東湖が玄関まで客を送って戻ったときに大地震が起こった。そこで、老母を助けて素早く表に出たのに、なんと、母が「火鉢に土瓶の湯かけずに出たり火の用心悪《あ》しき」(『近世立志伝　藤田東湖』[36])と言って再び屋内に入ってしまったのだ。驚いて東湖は「家へ入りました処《ところ》に鴨居《かもい》が落かかりましたけれど大力の人故《ゆえ》、老母を下に囲ひ坐《ざ》して両手を突、肩に鴨居を受けながら片手にて老母を庭前へ投出しました時、また一震強くあつて終《つい》に東湖は圧死して老母は免れました」[36]。

このように、いったん屋外に出たもかかわらず、東湖は老母を助けるために屋内に戻り、遭難したのである。

いま紹介した『近世立志伝　藤田東湖』は少年向けの本で、「少年諸君は此《こ》の篇《へん》を見て変に処するの道を講《こう》じねばならぬ」と締めている。このように、東湖の死は美談として広く知られ、少年の薫陶《くんとう》にも用いられた。

しかし、神戸《こうべ》大学名誉教授の野口武彦《のぐちたけひこ》氏は、東湖の知人の山寺源太夫がその死の前後の模様を記した『むし倉後記続篇』に、地震のとき、東湖も無事に逃げたと思っていたが、姿が見えない。おそらく老母のことを案じてグズグズしていたために犠牲になったのだろうと記してあることをもって、この美談を風説だとしている。

おそらく、そのとおりなのだろう。しかし、すでに地震後まもなく記されたと思われる『やぶれ窓の記』(城東山人)には、次のように東湖のことが記されている。

私の手元にある本は、書写されたものである。

「藤田誠之進、戸田忠太夫、此《この》両士ハ文武の達者にて世に普《あまね》く聞えたる人たち也《なり》。殊《こと》に誠之進は博識多才にて、此度の変事の十日ばかり前とか、文武の司を命ぜられしを、なゐぶりの夜、両士ともおのが宿所にありて、共に此《この》難にあひ身まかりしと聞ゆ」とある。このように、藤田と戸田の二人は有名な人物で、とくに藤田は多才であり、十日前に文武の司となったが、この地震で死んだ記されている。

このように、文中には老母の逸話は登場しないのだが、同じページの上段の空白に「誠忠の両士は、君に忠あるのみにあらす親に孝あり、既に其《その》夜地震動揺のをりからは、父母を扶《たすけ》んとして、かゝる災に遭と聞く。当て天命ハ是か非かといへりし、古人の金言、言うべなるかな惜むべく且嘆《かったん》すべし」とある。これを見ると、地震のときに父母を助けようとして、二人は災にあったのであるが、じつに天命とはいえ、惜しむべきことだとあり、これでは扶《たす》けようとしたのが藤田か戸田かわからないし、さらに父か母かもわからない。

いずれにせよ、母を助けようとグズグズして死んだという事実が、助けようとして死んだといわれるようになり、ついにそれが母を助けた事実に変化していったことがわかる。

こうして、地震によって圧死した尊攘主義者の東湖は新政府樹立後、その死さえも祀り上げられていくことになったのである。

幕府の財政難が日米関係に与えた影響

さて、話は少し戻るが、江戸幕府はペリー艦隊が開国を求めて来航することを一年も前からオランダ政府から聞かされていた。だが、それはデマか、本当に来ても強く開国を拒絶すれば引き下がるだろうと楽観視していた。

ところが、浦賀《うらが》にやってきたペリー艦隊は、幕府の高官以外とは交渉に応じないと、浦賀奉行所の下級役人の乗船を拒んだり、アメリカ船の周辺に群れる哨戒船《しょうかいせん》をすぐに撤収させなければ武力攻撃も辞さないと宣言したりしたのだ。

しかも、アメリカ大統領の国書を受け取るまでは日本から撤退しないと恫喝《どうかつ》し、十数隻の短艇を降ろして、江戸湾深くまで入り込んで勝手に測量を始め、これを掩護《えんご》するとして、蒸気船を江戸市街近くまで乗り入れたのである。

こうした強硬な態度を見せたペリーに、吉田松陰《よしだしょういん》や坂本龍馬など多くの武士たちはアメリカとの戦争を覚悟した。ところが、幕閣《ばっかく》はあっけないほど簡単にアメリカ大統領の国書を受理し、「翌年に再来するまでに開国の有無をはっきりさせる」と約束してしまう。これによって幕府の威信は低下した。しかし、そうペリーに返答する以外、幕府にはとるべき方法がなかったというのが実際のところなのだ。重武装したペリー艦隊に攻撃されたら、江戸の砲台などひとたまりもなく、江戸の町は焦土と化すだろう。それを阻止するだけの防衛力を当時の幕府は有していなかった。もし最悪の事態にいたれば、幕府の権威は失墜するどころか崩壊する。これを避けるには、答えをとりあえず先延ばしにするしか手段がなかったのだ。

実際、ペリー来航までの半世紀、たびたびわが国に外国船が来航したが、海防について真剣に対策を講じたのは松平定信《まつだいらさだのぶ》と水野忠邦《みずのただくに》だけであった。しかも、二人が失脚すると、せっかく構想した海防計画はたちまち泡と消えた。ほかの為政者たちは諸外国との摩擦が起こるたびに海防を強化したものの、わずか数年すると、緊張感をなくして防備を縮小するという場当たり的な対策に終始した。

幕府がこうした付け焼き刃的政策を繰り返したのは、やはり百年間以上、わが国に対外問題が発生しなかったことが大きい。積極的に海外情報を集め、これを大局的観点に立って分析し、国家の外交や国防の方針を定めるという重要性を、いつしか幕閣は忘れ去ってしまっていたのだ。

また、ペリー以前に来航したアメリカ東インド艦隊司令長官ジェームズ・ビッドルが開国を拒否すると、おとなしく退散したことも関係があろう。そんな偶然の幸運が為政者たちに列強の軍事力を過小評価させ、「祖法《そほう》を楯《たて》にとって強く拒絶すれば、彼らが無理やり交際を求めたり、侵略してきたりすることはあるまい」という楽観的な固定観念を植えつけてしまったのである。

だが、ペリーが来航してからの老中首座の阿部正弘《あべまさひろ》率いる幕閣の動きはすさまじかった。阿部は永井尚志《ながいなおゆき》、岩瀬忠震《いわせただなり》、川路聖謨《かわじとしあきら》といった有能な幕臣を重職に据え、前水戸藩主徳川斉昭（御三家《ごさんけ》）を幕政に参加させ、越前藩主（親藩《しんぱん》）松平春嶽、宇和島《うわじま》藩主（外様《とざま》）伊達宗城《だてむねなり》、薩摩《さつま》藩主（外様）島津斉彬《しまづなりあき》といった雄藩の藩主たちに協力を求め、挙国一致で国難にあたろうとした。さらに、猛烈な軍事改革を始めた。

諸藩に禁じた五百石以上の大船の建造を認めて海防の強化を命じ、長崎の地に蒸気船の操縦技術を習得させるための海軍伝習所《でんしゅうしょ》を創設し、教授陣に優秀なオランダの海軍士官を招き、幕臣のみならず諸藩の子弟の入学も許したのである。また、講武所《こうぶしょ》を設置し、幕臣に刀槍《とうそう》だけでなく西洋砲術や洋式軍事調練を施した。江戸に開設された蛮書調所《ばんしょしらべしょ》は外交文書を翻訳するとともに英学や蘭学、西洋の科学技術を教える場となった。

大砲の製造や反射炉の建造など軍事力の強化を進め、事実上の首都である江戸を防備するため、江戸湾に七つの人工の島――台場《だいば》（砲台）を築いていった。幕府の代官江川太郎左衛門英龍《えがわたろうざえもんひでたつ》が中心となってペリー来航の翌月に開始された台場の建造は、たった五カ月後に第一、二、三、五、六台場となって完成した。なお、第四、七台場は日米和親条約が結ばれたこともあり、かつ幕府の財政難もあって中止された。

甚大な被害を受けたお台場、ストレスで死去した阿部正弘

この地震で幕府の閣僚たちに衝撃を与えたのは、ペリー来航以後、異国船から江戸湾を防備するために急造した台場が大きく損傷したことである。

しかし、今回の安政大地震で江戸防衛の要《かなめ》であった台場はひどい被害を受ける。とくに甚大だったのが、会津《あいづ》藩が守っていた第二台場である。

現在、第三台場の遺構がきれいに残っているが、基本的に台場はすべて五角形の島になっており、その構造は周囲が堤のように高くなり、真ん中がいちばん低い。第三台場の詰め所は真ん中に建てられているが、会津藩が守った第二台場の詰め所の位置はいまいちわからない。

ただ、『震火叢話《そうわ》』[37]によると、東西に長く南北に短い長屋形式になっており、三尺ぐらいの柱を立てて梁を上げ、四方の壁は分厚い板で囲い、その上に屋根を上げ、さらに土をかぶせて芝を植えつけてあり、北側だけに出口を開け、三寸ばかりの角の格子戸をつけたものだという。けれども、この作者も、じつはそれは聞いた話で、実際はよくわからないと答えている。おそらく外敵から見つからないように堤と接続した半地下構造だった可能性が高い。

いずれにせよ、『震火叢話』は伝聞とはいえ、地震時の台場の様子がくわしく記されているため、これを現代語訳してその被害状況について紹介しよう。

地震が発生すると、詰め所の屋根上の土が崩れ、入り口のほうに流れ込んで、二十六人が室内に閉じ込められた。土砂に埋まって、どんなことをしても戸が開かない。すでに台場内で火災が起こり始めていた。そこで、人びとは屋根を破って侵入しようとしたが、閉じ込められたひとりが息も絶え絶えになりながら、「もし上から侵入しようとすれば、梁が折れ、大量の土が屋内に入り込んで、押しつぶされて死ぬことになる。やめてほしい。それに、まもなく火薬庫に火が移って大爆発が起こるだろう。どうせ死ぬのだから」。そう言って、格子のあいだから自分の刀を差し出して、「故郷の父母妻子に形見だと伝えてほしい」と述べた。刀を見ると、べったり血がついている。そう、彼らは武士として切腹していたのである。

そう説明したあと、筆者は「武士たらんもの、災せまりて死に失《う》せなんにに、梁落ち其火に焼かるるを待たんよりはと、腹かきさばきて、其血染みたる刀どもを記念にせよと与えしは、かけまくも畏《かしこ》き神国の雄々しきやまと魂やと感慨するに余りあり、そが故郷なる父母妻子昆弟《こんてい》（兄弟）、この凶変を聞かましかば、歎《なげき》のほどいかならん」と述べている。このように、彼らが梁の下敷きや火に焼かれる情けない死に方をするより、切腹という死を選んだことを称えている。

幼いときから毎日、仏間で切腹の練習に励む会津武士にふさわしい死にざまであるが、まさに悲劇であった。いずれにせよ、第二台場の者たちは、閉じ込められた者たちの自裁を知ると、ここにいてもしかたがないので、いっせいにその場を逃れたという。

前出の野口武彦氏は「程度の差こそあれ各台場はこんな有様だったろうから、品川《しながわ》沖砲台の海上防御線は壊滅したにひとしい。江戸は事実上の無防備都市になった」[38]と述べている。

事実上の首都が防衛機能を消失したというのはまさに危機的な事態であったが、じつは、このとき、幕府の政権も機能麻痺《まひ》の状態に陥っていたのである。今回の地震で「災害の集中砲火を浴びたのは、幕府の官庁街にあたる御曲輪内《おくるわ》」[38]であり、とくに一番屋敷がつぶれていちばん大きな被害を受けたのが政権のトップにあった阿部正弘であった。

阿部はまだ三十代半ばであったが、十年以上政権を握り、ペリー来航以後の国難を一身に背負ってきた。しかし、このたびの地震によって屋敷が崩壊し、正妻が大けがをしたうえ、阿部を外に逃がした側室《そくしつ》が亡くなってしまったという。これは精神的に大きなショックだったろうし、ほかの老中や若年寄《わかどしより》たちも相当な被害を受けていた。老中で村上《むらかみ》藩主の内藤信親《ないとうのぶちか》の屋敷は全焼してしまっている。当時は大名屋敷自体が政庁のようになっていたから、省庁が機能不全に陥ったようなものといえる。

このため、幕府は十月四日、阿部に屋敷が全壊したことに対して一万両の拝借を認めている。同じく屋敷を焼失した内藤に対しても一万両、そのほか幕閣のみに大金の拝借を容認した。ちょっと不公平な気もするが、「緊急時の政事の事務停滞を一日も早く復旧させたかった」[34]というのが正しい認識だろう。

阿部は、そのお金を用いてすぐに屋敷を本郷丸山下《ほんごうまるやました》（東京都文京《ぶんきょう》区）に移し、臨時の居宅として震災の対応にあたった。だが、七日と八日に体調不良のために出勤できず、その翌日、阿部は政権を佐倉《さくら》藩主の堀田正睦《ほったまさよし》に譲ってしまったのである。

堀田はかつて老中を務めていたが、ずいぶん前に病気のために辞職していた。このにわかな復活劇について、先の越前藩士の中根雪江はさまざまなうわさが流れているとしつつ、「福山侯《ふくやま》（阿部正弘）の先知、自ら其《その》威勢の盛大なるを戒懼《かいく》し玉《たま》ひ、良善にして事に害なき先輩を撰《えら》んで首座に薦《すす》め、其権を分ち玉ふ智術《ちじゅつ》に出たる」（『昨夢記事』）と回想する。あまりに権限が強くなりすぎた阿部が、あえて無害で善良な男をトップに据えたのだと見ているのだ。たしかに、井伊直弼《いいなおすけ》ら溜間詰《たまりのまづめ》の大名たち（主に親藩、譜代大名）との摩擦回避を図ったのだという説が強いが、果たしてそれだけだったのだろうか——。

やはり空前の国難のなかで幕政を担うというのは、すさまじい重圧であったはずだ。そのうえ、地震で側室が死に、家が全壊した。きっと強烈なストレスが阿部にのしかかってきたはず。

こんな話がある。ペリー艦隊が退去したあと、深夜に家臣が阿部の寝室を通った折、障子の隙間から灯《あか》りが漏れていた。そこで隙間からそっと室内をのぞいたとき、家臣は主君がふとんの上に姿勢を正して座り、憔悴《しょうすい》した表情で呆然《ぼうぜん》としている姿を見たという。いったいこれから、どう外圧に対応していったらいいのかを寝ないで煩悶《はんもん》していたのだろう。

おそらく、そうしたストレスもあって、すでに阿部の身体はむしばまれており（胃がん説が有力）、本人にも自覚症状があったのではないか。実際、政権を堀田に譲ったあと、阿部の生命は二年ももたず、安政四年（一八五七）六月、三十九歳の若さで逝去した。

コレラの流行で高まった攘夷思想

いずれにせよ、安政二年（一八五五）の大地震とそれにともなう大火によって、江戸の町は壊滅ともいえる被害を受けたのである。しかしながら、翌年、そんな痛手を受けた江戸を猛烈な台風が襲った。

安政三年（一八五六）八月二十五日のことである。江戸城をはじめ、城下のほとんどの建物が破損するようなすさまじい台風だった。海岸沿いも風浪の被害が大きく、床上浸水も各所で起こり、永代橋《えいたいばし》、新大橋《しんおおはし》、両国橋《りょうごくばし》などが破損した。

斎藤月岑《さいとうげっしん》著『続武江年表《ぶこう》』によれば、「近来稀《まれ》なる大風雨」であり、風浪が津波のようになって押し寄せ、大小の舟が転覆し、「此時《このとき》水中に溺死怪我人算《かぞ》ふべからず」という状態になった。とくに「砂村《すなむら》辺（東京都江東区《こうとう》）、行徳《ぎょうとく》の辺（千葉県市川市《いちかわ》）、堀江《ほりえ》、猫実《ねこざね》（千葉県浦安市《うらやす》）、三崎の辺、其余《そのよ》近郊人家流れ溺死のもの多し」だったという。また、前年の地震のときには比較的山の手の被害が軽かったが、今回の台風では「江戸中一般の大破にて家潰傾かざるも、屋上の板天井の板をも吹散らし、甍《いらか》を重ね し家々は殊《こと》に歪《ゆが》み倒れ」たという。その代表的な建物が築地西本願寺《つきじにしほんがんじ》のお堂だった。「一時に潰れて微塵《みじん》とはなれり」と伝える。

大地震の翌年には巨大台風。まさに踏んだり蹴ったりだった。

だが、それだけで終わらない。翌々年、江戸の町は再び不幸に見舞われる。今度は天災ではない。疫病だ。コレラ（Cholera）が猛威を振るったのである。

コレラという病は「元来インドのガンジス河流域とくに下ベンガル地域に盤踞《ばんきょ》して（根を張って）いた風土病的性格をもった伝染病」[39]だった。それが十九世紀になると、交通の発達にともなう国際化によって文明諸国に発生する。すなわち「コレラの世界的流行は、いうなれば、世界の『近代化』の一現象といえる」[39]のだそうだ。

江戸時代、わが国にコレラという伝染病が猛威を振るったのは文政五年（一八二二）が最初であった。これまでには存在しなかった病で、激しい下痢《げり》と嘔吐《おうと》によって、発病してから数日で「コロリ」と頓死してしまうということから、コレラから転じて「コロリ」と呼ぶことが多い。文字としては「虎列剌」「虎狼痢」「古呂利」といった文字をあてる。しかし、地域によっては、「見急」「鉄砲」などと呼ぶところもある。

江戸時代は鎖国していたと言いながらオランダ、清《しん》、朝鮮とは交易をしており、十九世紀になると頻繁に外国船が近海をうろつき、ときには上陸してきたので、外国人を通じて海外の伝染病が入ってきた。ただ、初めてのコレラは伝染経路がよくわかっていない。朝鮮半島から対馬《つしま》を経て長門《ながと》国で流行し、九州や関西へと拡大していった可能性が指摘されているが、インドネシアのジャワ島からオランダ人を介して長崎に持ち込まれたとする説もある。

同年八月下旬から西日本を中心に急速に広まったが、十月には終息した。合計はつかめないが、多くの犠牲者が出たようだ。おそらく万単位は下らないと思われる。

だが、それとは比較にならない甚大な被害をもたらしたのが、それから三十六年後に発生した安政五年（一八五八）の流行である。

同年五月二十一日に長崎に入港したアメリカの軍艦ミシシッピの乗組員のなかにコレラ患者がおり、それは清から持ち込まれたもので、あっという間に長崎中に感染が広まったと伝えられる。

オランダの軍医で、長崎の大村町伝習所で医学を日本の学生に教授していたポンペ（ヨハネス・ポンペ・ファン・メーデルフォールト）は、このとき、学生たちとともに必死にコレラ患者の治療にあたった。同時に長崎奉行の岡部長常《おかべながつね》の許可を得て治療法と予防法を記した文書を長崎市中に布告させたのである。

そのなかで、ポンペは「貧しい者であっても、この病にかかった者は昼夜にかぎらず治療する。動けない者は連絡をもらえば往診する」と書き、コレラの予防法として、食べ物についてはイワシやサバ、サワラやマグロ、タコ、カボチャ、ナス、キュウリ、スイカ、スモモなどは食べてはいけないと伝えた。また、夜に裸で外に出たり、寝たりしてはいけない。酒を飲みすぎてはいけないと注意した。

また、やってきた患者に対し、硫酸キニーネやアヘンを与え、温浴をさせるという当時ヨーロッパで一般的だった「カール・アウグスト・ヴンデルリッヒ処方」を施した。

当時はまだ、コレラという病気が細菌によって伝染するということがわかっておらず、このような治療法は初期症状にしか有効ではなかったが、致し方のないことであったし、このような努力によって、長崎におけるコレラの流行は急速に収まっていった。

だが、ポンペらの統計によれば、人口六万という長崎で千五百八十三人がコレラにかかり、そのうち七百六十七人が亡くなったという。つまり、コレラにかかった人の半分近くが死んでしまったのだ。

そんなポンペは『日本コレラ史』[40]によれば、次のように危惧したという。

長崎の市民は「この原因は日本を外国に開放したからだといって、市民はわれわれ外国人に対する考えは変わり、ときには、はなはだわれわれを敵視するようにさえなった」[40]。

このように、江戸時代唯一の国際港であり、外国人に理解のある長崎においてさえ、コレラによって日本人の攘夷思想が高まったのである。ほかの地域においては、いうまでもないだろう。

なお、長崎での流行を抑えるべく、ポンペの弟子で医師の松本良順《まつもとりょうじゅん》は自宅をコレラ専門病棟として開放し、長崎奉行の岡部と百両ずつ出し合って、ほかの医者などと治療にあたった。こうした医師たちの努力によって、長崎での流行は一カ月ほどで収まった。

江戸でのコレラ・パンデミックと民間療法の流行

しかし、結局、長崎で始まったコレラは各地に広まってしまい、七月末には人口が密集している江戸で感染爆発（パンデミック）を起こしたのである。

芝《しば》の海辺、鉄砲洲《てっぽうず》（現中央区湊《みなと》）、佃島《つくだじま》、霊巌島《れいがんじま》（現中央区新川《しんかわ》）あたりから始まったとされるが、コレラにかかると、いきなり嘔吐し、下痢が止まらなくなり、手足が冷たく、身体がしびれて絶命していった。一家全滅の家も少なくなく、棺桶の製造が間に合わず、『安政箇労痢《ころり》流行記』（金屯道人編）には「葬列の棺は大路小路《おおじこうじ》にうち続きて昼夜を棄ず終わる間なく、御府内数万の寺院は何所《どこ》も門前市をなし。焼場の棺、所せきまで積みならべて山をなせり」とあり、葬式で僧侶はまったく暇がなく、火葬場も棺を置くところがなく、山積みになってしまったという。

また、「夕べに人を焼僧坊もあしたに茶毘《だび》の烟《けむ》りとのぼり、あつらへられし石塔屋も今の間に自己が名を五輪《ごりん》にとどむる」（同前）など、まさに諸行無常の状況が見られた。八月一日から九月末までにコレラで死んだ人は、およそ二万八千人にのぼったとされる。

結果、市中は死臭や死者を茶毘に付す煙の匂いで満ち、耐えがたいほどになったという。死臭といえば、これに関して奇妙なデマが広まっている。

『日本コレラ史』[40]によれば、病死者の埋葬が間に合わず、死体から臭気が発生し、これに触れた者が感染するのではないかと江戸の医者たちは疑っているというのだ。なお、勝《かつ》海舟《かいしゅう》や吉田松陰の師で、洋学者として有名な佐久間象山《さくましょうざん》も、主君（松代《まつしろ》藩主＝現在の長野市にあった藩）に対し、火葬の際、死体が焼ける前に体内にたまっていた病毒が外に出て、これがコレラを伝染させているといると警告している。しかも、信濃《しなの》国岩村田《いわむらだ》(長野県佐久《さく》市)付近では、コレラ患者の葬式をおこなった寺の僧が全員死んだのは、死体が焼けるときにその臭気に当たったからだと述べる。開国主義者で開明的な象山をして、このような説を信じていたのである。

じつに恐ろしい病であったため、人びとはなんとしてもこの病にかからないよう、神仏や迷信に頼った。

その様子が『武江年表』[41]にくわしく書かれている。

「此等《これら》の妖孽《ようげつ》を攘《はら》ふ為《ため》とて、鎮守祠《ちんじゅほこら》の神輿《みこし》・獅子頭《ししがしら》を街頭にわたし(此頃《このごろ》、幕府の御他界により て、鳴物御停止ありし時なれば、絃歌《げんか》鼓吹閭閻《こすいりょえん》に絶へ、市中も寂寥《せきりょう》として物淋《さみし》く、夜中往来甚少し)、閭巷《りょこう》に斎竹《いみだけ》を立、軒端には注連《しめ》を引はへ、又は軒端に桃灯《ちょうちん》を燈《とも》しつらね、或《あるい》は路上に三峯山《みつみねさん》遥拝の小祠《しょうし》を営し所もあり。節分の夜の如《ごと》く豆をまき、門松を立けるも有し故《ゆえ》、厄払の乞丐人《こつがいにん》(ホームレス)も出たり。何人が云出《いいだ》しけむ、道中にて天狗《てんぐ》の示現《じげん》を得て、疫病を攘《はら》ふの圧勝なりとて羽団扇《はうちわ》といふものに紛《まが》ふ為に、八《や》ッ手《で》といへる木の葉を軒に釣るべしといふ妄言にならひて、これらの事も行れたり」

このように、コレラは怪異のなせるものとして考え、神仏を持ち出したり、迷信的な行為で災いから逃れようとしていることがわかる。天狗《てんぐ》が持つ八ツ手の葉っぱを軒に吊《つ》るすなど、非科学的だが、人びとはなんとかして自分がコレラにかからないよう努力を払っていたのである。

また、コレラに関する本も続々と出版された。『安政箇労痢《コロリ》流行記』もそのひとつだが、そこに載る予防法や治療法はまことにいい加減だ。たとえば、コレラにかからないためには、ずっと薄羅紗《うすラシャ》やうこん木綿、綸子《りんず》などの類いを二重に腹に巻いておけとか、とにかく果物を多く食べろという。罹患《りかん》した場合には熱い茶のなかに三分の一ほど焼酎を入れ、砂糖を少し溶かして飲めとか、座敷を閉め切って風に当たらないようにし、羅紗の切れや綸子に焼酎をつけて体中を擦《こす》りなさいと書いてある。

ともあれ、このように開国してまもなく、外国人によってコレラという悪性の疫病が持ち込まれたことは、ますます攘夷運動に拍車をかけることになったのである。

しかも、その後、文久《ぶんきゅう》二年(一八六二)にもコレラは再び流行し、しかも、このときは「麻疹《はしか》大ニ行ハレテ、後再ビコレラ病盛ニ行ハレ、云云《うんぬん》、其《その》死ニ至ルモノ、先般ノ流行ニ比スレバ、其幾倍ナルヲ知ラズ、又之ガタメニ、全家悉《ことごと》ク死亡シ、嗣ヲ絶シ、産ヲ失フモノ挙ゲテ算《かぞ》フベカラズ」(『疫毒予防説』)とあるように、ちょうど麻疹も流行とあいまって、安政五年（一八五八）のコレラの数倍の死者が出て、家族全滅状態といった惨状が現出したのである。

このように、幕末は地震、台風、コレラと不幸が相次ぎ、それが幕府の威信を失墜させた。結果、人びとは新しい世の中の到来を期待するようになり、それが明治維新を後押ししたのは間違いないだろう。

（了）

主な参考文献

[1]……辻達也編『日本の近世2　天皇と将軍』（中央公論社）
[2]……家近良樹『孝明天皇と「一会桑」　幕末・維新の新視点』（文春新書）
[3]……藤田覚『天皇の歴史06　江戸時代の天皇』（講談社）
[4]……辻ミチ子『和宮　後世まで清き名を残したく候』（ミネルヴァ書房）
[5]……明治維新史学会編『明治維新と西洋国際社会』（吉川弘文館）
[6]……アーネスト・サトウ『一外交官の見た明治維新（上）』（坂田精一訳、岩波文庫）
[7]……大山瑞代訳『史料でたどる明治維新期の横浜英仏駐屯軍』（横浜開港資料館編）
[8]……明治維新史学会編『講座　明治維新1　世界史のなかの明治維新』（有志舎）
[9]……近世村落史研究会編『武州世直し一揆』（慶友社）
[10]……子母沢寛『新選組始末記　新選組三部作』（中公文庫）
[11]……明治維新史学会編『講座　明治維新10　明治維新と思想・社会』（有志舎）
[12]……渋沢栄一編、大久保利謙校訂『昔夢会筆記　徳川慶喜公回想談』（東洋文庫）
[13]……渋沢栄一『徳川慶喜公伝3・4』（東洋文庫）
[14]……『岩波講座　日本通史　第16巻　近代1』（岩波書店）
[15]……『西周全集　第2巻』（宗高書房）
[16]……田中彰『集英社版　日本の歴史　開国と討幕』（集英社）
[17]……『社会科　中学生の歴史』（帝国書院）
[18]……松浦玲『勝海舟』（筑摩書房）
[19]……勝安芳『勝海舟全集21　氷川清話』（講談社）
[20]……田中惣五郎『人物叢書　西郷隆盛』（吉川弘文館）
[21]……一坂太郎『高杉晋作の手紙』（講談社学術文庫）
[22]……青山忠正『明治維新史という冒険』（佛教大学通信教育部）

[23]……明治維新史学会編『講座　明治維新3　維新政権の創設』（有志舎）
[24]……石川卓美、田中彰編『奇兵隊反乱史料　脱隊暴動一件紀事材料』（マツノ書店）
[25]……菊地明編『土方歳三、沖田総司全書簡集』（新人物往来社）
[26]……『伊藤痴遊全集　第三巻』（平凡社）
[27]……子母沢寛『新選組遺聞　新選組三部作』（中公文庫）
[28]……平石弁蔵『会津戊辰戦争』（兵林館）
[29]……吉海直人『新島八重　愛と闘いの生涯』（角川学芸出版）
[30]……田村貞雄『ええじゃないか始まる』（青木書店）
[31]……渡辺和敏『ええじゃないか』（愛知大学綜合郷土研究所ブックレット）
[32]……佐々木高行『勤王秘史　佐佐木老侯昔日談』（国晃館）
[33]……会沢正志斎『新論・迪彝篇』（塚本勝義訳註、岩波文庫）
[34]……北原糸子編『日本災害史』（吉川弘文館）
[35]……震災予防調査会編『大日本地震史料　下巻』（丸善）
[36]……富本長洲（桃李園主人）著『近世立志伝　藤田東湖』（積善館）
[37]……東京市編『東京市史稿　変災編　第1』（東京市）
[38]……野口武彦『安政江戸地震　災害と政治権力』（ちくま新書）
[39]……柿本昭人『健康と病のエピステーメー』（ミネルヴァ書房）
[40]……山本俊一『日本コレラ史』（東京大学出版会）
[41]……斎藤月岑『定本　武江年表　上・中・下』（今井金吾校訂、ちくま学術文庫）

［編集部注］
本書では多数の文献から引用させていただいておりますが、一部、読者にわかりやすいように、著者が文意を損ねない範囲で加筆・改筆しているものもあります。また、人物の発言や漢字の読み方につきましても、諸説が存在するものもあります。あらかじめご了承ください。

異説《いせつ》で読《よ》み解《と》く明治維新《めいじいしん》

「あの謎《なぞ》」がすっきり解《と》ける10の物語《ものがたり》

2017年10月17日 第1刷発行

著 者 河合《かわい》 敦《あつし》

ブックデザイン 福田和雄(FUKUDA DESIGN)

本文DTP 臼田彩穂

イラストレーション タラジロウ

編 集 畑 祐介

発行人 永田和泉

発行所 株式会社イースト・プレス

〒101-0051

東京都千代田区神田神保町2-4-7 久月神田ビル

TEL:03-5213-4700 FAX:03-5213-4701

http://www.eastpress.co.jp

印刷所 中央精版印刷株式会社

ISBN978-4-7816-1599-8 C0021